Mit zwei Elefanten über die Alpen

Eine Familie wandert von München nach Venedig

带着两头大象翻越阿尔卑斯山

[德] 格哈德·冯·卡普夫 著
Gerhard von Kapff

庄仲黎 译

生活·讀書·新知 三联书店

Simplified Chinese Copyright © 2019 by SDX Joint Publishing Company. All Rights Reserved.
本作品中文简体版权由生活·读书·新知三联书店所有。未经许可，不得翻印。
Title of the original edition:
Author: Gerhard von Kapff
Title: Mit zwei Elefanten über die Alpen. Eine Familie wandert von München nach Venedig
© 2010 by terra magica in der F. A. Herbig Verlagsbuchhandlung GmbH, München
www.herbig.net
Chinese language edition arranged through HERCULES Business & Culture GmbH, Germany.

图书在版编目（CIP）数据

带着两头大象翻越阿尔卑斯山／（德）格哈德·冯·卡普夫著；
庄仲黎译．—北京：生活·读书·新知三联书店，2019.10
ISBN 978-7-108-06535-3

Ⅰ.①带… Ⅱ.①格…②庄… Ⅲ.①亲了教育 Ⅳ.①G781

中国版本图书馆 CIP 数据核字（2019）第 041575 号

特邀编辑	张艳华
责任编辑	徐国强
装帧设计	张　红
责任校对	常高峰
责任印制	徐　方
出版发行	生活·讀書·新知 三联书店
	（北京市东城区美术馆东街 22 号 100010）
网　　址	www.sdxjpc.com
图　　字	01-2018-7385
经　　销	新华书店
印　　刷	河北鹏润印刷有限公司
版　　次	2019 年 10 月北京第 1 版
	2019 年 10 月北京第 1 次印刷
开　　本	720 毫米 × 889 毫米 1/16 印张 17
字　　数	190 千字 图 84 幅
印　　数	0,001-8,000 册
定　　价	78.00 元

（印装查询：01064002715；邮购查询：01084010542）

Contents
目　录

前言　　　　　　　　　　　　　　　　　　　001
本书作者和他的妻儿　　　　　　　　　　　　002
大哉问：为什么要展开这趟长途健行　　　　　004

从慕尼黑到因河谷地

第 一 天　体力消耗殆尽　　　　　　　　　　008
第 二 天　通往威尼斯的门户　　　　　　　　017
第 三 天　山峦近在眼前　　　　　　　　　　026
第 四 天　阿尔卑斯山以闪电与雷鸣问候我们　037
第 五 天　自然森林保护区里的阿尔卑斯野山羊　046
第 六 天　翩翩飞舞的伴随者　　　　　　　　052
第 七 天　孩子忽然不见了　　　　　　　　　057
第 八 天　恶劣天候与痛楚　　　　　　　　　064
第 九 天　了不得的卡文德山脉　　　　　　　066

从因河谷地到多洛米蒂山脉

第十天　阿尔卑斯山主脉　　　　　　　　　　072

第十一天　美人鱼和烤豌豆　　　　　　　　　077

第十二天　与冰川迎面相向　　　　　　　　　083

第十三天　情绪跌入谷底　　　　　　　　　　091

第十四天　好消息　　　　　　　　　　　　　103

第十五天　魔幻般美丽的南蒂罗尔地区　　　　111

第十六天　王者路段　　　　　　　　　　　　117

第十七天　该死的罗登角森林　　　　　　　　128

休息日　多洛米蒂在望　　　　　　　　　　　134

休息日　不得已的休息日　　　　　　　　　　136

第十八天　迷恋高山牧场　　　　　　　　　　138

第十九天　绕行派特勒科费尔山　　　　　　　144

第二十天　充满享受的高山旅程　　　　　　　152

第二十一天　攀登塞拉山　　　　　　　　　　160

第二十二天　登上第一座三千米高峰　　　　　168

从多洛米蒂山脉到威尼斯

第二十三天	令人难忘的景观	176
第二十四天	绕行马尔莫拉达山	179
第二十五天	山中一片花海	186
第二十六天	努泰拉巧克力坚果酱与好朋友	191
第二十七天	困惑的健行者与冰雹雨	196
第二十八天	勉强算是经过了——席亚拉山	201
第二十九天	令人着迷的地方	210
休息日	与皮亚韦河一起往南方漂流	215
第三十天	世界上最怪异的山庄	218
第三十一天	塔尔佐的一栋别墅	224
第三十二天	普洛塞科葡萄及隐密的修行中心	231
第三十三天	世界上最大的钻石	239
第三十四天	循着海明威的足迹	244
第三十五天	脚趾间的海水	247

建议及行程清单

给未来登山者的小建议　　　　　　　258

前言

"我怎么会在这里越陷越深？"席碧勒站在慕尼黑市中心的马利亚广场（Marienplatz），背着12公斤重的背包，手上牵着我们的孩子菲力斯与鲁卡斯，用不信任的眼神注视着我。这两个满头金发的小兄弟背上蓝色艳俗的小背包，他们也同样不太明白，眼前将要面对的一切，他们该怎么办？现在我们真的要出发了吗？我们可以做得到吗？我似乎可以读出他们的心思，当下也只有我喜形于色。我真的办到了！我成功地说服了家人，将靠着双脚从慕尼黑走到威尼斯，全程一共554公里。虽然我并没有计划要一气呵成地走完这趟长途健行之旅，而是分成两个阶段，但这场远征阿尔卑斯山的结果，至少将是令人满意的。其实我自己也不太清楚，我们将怎样走完全程。总之，我们很快就要启程了——在他们尚未萌生其他的想法之前。

人物介绍
本书作者和他的妻儿

格哈德·冯·卡普夫（父亲）

41岁，和家人住在慕尼黑北部的英戈尔施塔特市（Ingolstadt）。他是《英戈尔日报》《多瑙快讯》（*Donaukurier*）的运动版编辑，定期在德国的一些报刊上发表关于体育及旅游方面的文章。健康状况：顶多平平。健行经验：很少，但总想要翻越阿尔卑斯山。一直无法实现的原因：担心与家人分离过久。结论："那么就让全家人参与这趟健行！"

席碧勒·冯·卡普夫（母亲）

38岁，护士。健康状况：比她的先生好一些。健行经验：微不足道。翻越阿尔卑斯山之前，她曾有个未透露的念头："他老是这么固执，这次又要瞎折腾什么？"

鲁卡斯·冯·卡普夫（大儿子）

10岁，文理中学（Gymnasium）一年级生。健康状况：冠于其他家庭成员（足球训练的缘故）。健行经验：绝少。每天的行程结束时，他总要问："我们明天还要走吗？"或者干脆这么说："你们完全可以忽略我的存在。"

菲力斯·冯·卡普夫（小儿子）

8岁，小学生。健康状况：适中，曾经因缺乏兴趣而中断田径、足球、手球与网球等体育训练，现在是空手道选手。健行经验：几乎没有。他总是生气地说："因为我腿短，必然比你们任何一个人走得都慢。"

大哉问：为什么要展开这趟长途健行

"爹地真是异想天开！"鲁卡斯与菲力斯完全无法理解，他们的父亲竟然突发奇想，要徒步翻越阿尔卑斯山！其实从慕尼黑开车前往地中海比健行快得多，而且毫不费力，为什么要亲自走路，跟阻拦的高山纠缠不休？孩子们对于徒步554公里超体能的挑战，或者对于花好几个星期深入大自然去体验，一点儿也不感兴趣。他们不明白，为什么家里明明有车子，还要这样自找麻烦。

"这不行的！"我太太打从一开始就大惊小怪，我只好缠着她，一再提起翻越阿尔卑斯山的话题，并将几本旅游指南杂乱地放在屋里，让她无法视而不见，希望能逐渐打动她。"我实在不知道该怎么赞成这种疯狂的想法。"席碧勒说。后来她的疑虑突然烟消云散，真的被我说服了。她也觉得，我们全家应该试着走一走这条很吸引人的健行路线。

我们不抱任何幻想。我们并没有丰富的山地健行经验，顶多只参加过爬山一日游这类活动，因此我们并不知道，是否真的能攻克长途跋涉的挑战。再者，鲁卡斯偏偏抵触徒步远行，他认为没有必要为此踏出一步，而一直处于抗争的状态。健行对于菲力斯毫无吸引力，他不知道这是不是一件有趣的事，所以他谨慎地持着一种中立而怀疑的态度。

然而在出发的几天前，孩子们突然出现兴奋而紧张的情绪，这是完全正面的进展：他们的好奇心慢慢地被唤醒了！他们似乎明白，一场相当新奇而特别的旅程即将开始。

　　我自己则不仅期待着一种非常特殊的健行体验,更希望家人能从中获得一些难忘的生活经历。我很高兴自己能借此拉近与家人的距离,平常在一堆事务的牵绊下,是不可能有这种机会的。我深深地觉察到,父母和孩子在这几个星期里跋山涉水,其实远远不只是履行一个看起来颇为荒谬的健行计划。这次长途健行之旅,将让我们一家四口获得许多共同相处的宝贵时间,而这种情况或许以后不会再有了。

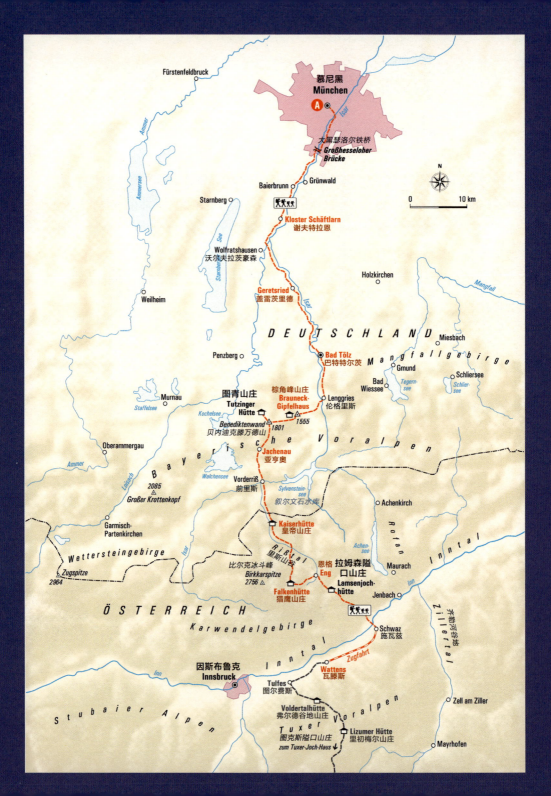

从慕尼黑到因河谷地

从慕尼黑到因河谷地

第 一 天
体力消耗殆尽

» 慕尼黑—谢夫特拉恩修道院（Kloster Schäftlarn），22公里
» 预定健行时间：5小时30分钟；实际使用时间：7小时30分钟

"打开了！"现在是正午12点，慕尼黑市政厅塔楼的窗户已经打开，塔楼的大钟下，由一些机械人偶表演的酒桶制造公会的传统舞蹈①（Schäfflertanz）正要开始；在这个令人兴奋的时刻，马利亚广场上那些躁动的日本观光客纷纷拿着照相机朝着塔楼的表演人偶迅速按下快门，就是在此刻，我们出发了。

我们来自慕尼黑北方几十公里外的另一座城市：英戈尔施塔特。因为我们在出发前曾许诺孩子们，可以光顾位于慕尼黑与威尼斯的每一家麦当劳，因此，我们必须在慕尼黑这座城市里稍稍停留，至少这么做可以让孩子在这趟需要挑战体能的旅程中开心一点。"那边又有一家！"菲力斯尖叫着，他在每条小街道上寻找那大大的黄色字母"M"。从我们抵达慕尼黑

---

① 传说此舞蹈起源于1517年慕尼黑鼠疫期间。这种舞蹈抚慰过当时受到创伤的心灵，令慕尼黑市民敢于上街，使得公众的社交生活重新活络起来。表演者分为舞者、领舞者、击鼓者及小丑等，穿着包括红外套、黑皮鞋、及膝长白袜、及膝黑裤、插有白羽毛的绿帽等传统服装。——译注

第一天 体力消耗殆尽

两个男孩光顾麦当劳

中央火车站后,他已经发现了三家麦当劳:"这次我们要来点儿什么呢,鲁卡斯?"菲力斯眼睛发亮地问他哥哥。"一杯奶昔!"鲁卡斯兴奋地喊着,这时我们简直松了一口气。小孩子就是这样,即使是平常最爱的干酪汉堡也随时会让他们感到烦腻。说真的,如何让他们乖乖地用餐,喂饱他们,还真是一门大学问。

席碧勒和我也想好好地调整心情,以准备面对这场即将展开的远征。当孩子们每经过两家麦当劳就要进去吃喝一番时,我们两个大人便跑到慕尼黑最大的传统"食品市场"(Viktualienmarkt),享用几根地道的慕尼黑水煮白香肠、几块咸味蝴蝶面包(Brezel),并共享一杯清凉的慕尼黑啤酒,作为这场梦幻健行之旅的开端。我们沉浸在夏日美好的氛围里,再度拿出我们随身携带的旅游指南,在这个人潮熙来攘往的美食市场里翻阅着。然而,往东到伊萨河谷的黑拉泉动物园(Tierpark Hellabrunn)需要多久,接下来走出慕尼黑市边界需要几个小时,我们真的不知道。这趟从慕尼黑到威尼斯的长途健行我们打算分两段完成,计划今年夏天走完一半路程,

从慕尼黑到因河谷地

也就是到达意大利北边紧邻奥地利国界的普斯特河（Pustertal）谷地——这条健行路线的中间点，但是否能如期实现，我们也不知道。

然后明年我们计划从这个南蒂罗尔（Südtirol）的山谷出发，步行前往目的地：亚得里亚海岸的水城威尼斯。预计这两段路程分别需要至少15个健行日。

我们在慕尼黑市中心吃吃喝喝，确实感到身心舒畅。虽然我们利用进餐的时间来确定今年要走的前半段行程，不过，我们实在太散漫了，等到我们终于扛起背包，走上五分钟时，发现已经是下午一点半了。时间毫不留情地飞逝，离开市政厅塔楼已有一个半小时。我们溜达着穿过行人和车辆稀少的伊萨城门，越过伊萨河，经过德意志博物馆（Deutsches

● 慕尼黑马利亚广场

慕尼黑马利亚广场是"慕尼黑—威尼斯"这条健行路线的起点。每逢单数年的8月8日早晨8点钟，这条梦幻路线的创始人——来自沃尔夫拉茨豪森（Wolfratshausen）的路德维希格·拉斯勒（Ludwig Graßler），会在这儿送走一批准备徒步前往威尼斯的健行者。健行者会师的现场将有管乐队吹奏乐曲，列队前进，这位年过八旬的长者还会陪伴这些健行者沿着伊萨河上游走一段路程，最后目送这群健行大军离开慕尼黑，继续往意大利方向推进。逢双数年，格拉斯勒则选取另一条方向相反的梦幻路线：健行者沿着伊萨河下游一路前进，终点是捷克首都布拉格。

第一天　体力消耗殆尽

Museum）的大门口，再走到伊萨河的另一侧，然后沿着这条河流一路往南行进。不多一会儿，我们便决定沿着伊萨河岸的河滩走。我们当时还在慕尼黑市中心，这个城市的绿化和自然景观深深地吸引着我们，我们刚开步走了15分钟，便已看不到都市的街道和汽车，也闻不到汽车排放的废气。

沿途并没有看到其他的健行者，显然我们是往威尼斯方向绝无仅有的一组人马。如果我们再看一下手表上的时间，也许我们会是今晚最后几个还在途中赶路的健行者呢。毕竟有经验的健行达人总是趁着一大早太阳还未升上高空时，就上路出发了；他们不会太晚吃午餐，更不会在吃饱后，还喝上一杯冰凉的啤酒……

依据我们的计划，第一天从慕尼黑出发的路程，需要步行5小时30分钟——如果不是要背很重的背包，新手应该也可以轻松地完成。不过，如果健行者在经过黑拉泉动物园时为了欣赏斑马与小鹿的温驯而越过栅栏，或朝伊萨河扔石块、打水漂儿，或驻足在慕尼黑塔尔基兴区（Thalkirchen）惊叹那不久前整治成功、恢复自然样貌的河流，或在走了五公里后还在不断地思索是否走在正确的健行路径上——那就另当别论了！菲力斯甚至在伊萨河畔发现了一块化石，他开心地说："在阿尔特米尔河谷（Altmühltal）拼命地敲敲打打，要花好几个小时才能挖到化石，而在这里竟然很快就捡到了一块。"

经过一段顺利的健行时光后，肩上的背包开始折磨我们。首先是肩膀因为背包的摩擦而发疼，当我们重新调整背的方式时，背包却又压迫到臀部，同样在发痛。此外，登山裤侧边那个可调整的塑料环扣，虽然看起来很酷，使用起来却完全不是那么一回事，因为背包的腰带会挤压到环扣而

从慕尼黑到因河谷地

让人觉得不舒服。

走了整整七公里后,房子已消失在视线之外,伊萨河畔的树丛离河流愈来愈近。最迟在大黑瑟洛尔铁桥(Großhesseloher Brücke)——这座怪异的、足足有40米高的钢铁结构建筑物——我们就会正式越过城市的边界。沿着铁轨下的一条小路,我们改走伊萨河的另一边河岸。孩子们在前面蹦蹦跳跳,兴高采烈地闲聊,这一切都令人兴致勃勃,而且感到紧张刺激。从高处眺望伊萨河的美景,真是动人心魄!在整整两个小时的健行之后,我们第一次以这种距离、这种角度眺望慕尼黑那座细长而高耸入云的奥林匹克塔①,它就远远地矗立在我们身后。在大黑瑟洛尔区(Großhesselohe),也就是我们刚刚走过的铁桥所在的行政区,有一座隶属于当地林业公司的啤酒庄园(Biergarten),非常吸引人,但是我们根本没有时间稍作停留。无论如何,此时此刻我们应该务实一点。另外,天空开始下起蒙蒙细雨,不多时便会转成倾盆大雨,果真如我们所料。这是菲力斯第一次想要知道:"还有多远?"

我们实在无法精确地回答这个问题。旅游指南上有这段行程的地图数据。无论如何,它是我们接下来的健行路径的有利线索。我想,我们的小儿子大概会对这个粗略的答复感到满意才是。我一直恳求菲力斯继续往前走,后来为了安抚他的情绪,我只好帮他背背包;因此,我的背上除了自己那17公斤重的背包之外,还多加了菲力斯的3.5公斤。"我真的走不动了!"后来他仍然这样说,并且用充满乞怜的眼神望着我。当下我只能把

---

① 奥林匹克塔,位于慕尼黑市奥林匹克公园内,于1972年奥运会兴建。——译注

第一天 体力消耗殆尽

他抱起,继续往前走,这对我实在太残酷了!距离出发不到四个小时,我开始暗自思忖:这次的家庭健行是否真的是个好主意?雨越下越大,不过我们也很幸运,因为当时我们走在树林里,有树木可以遮挡一些风雨,但也就无法再欣赏风景了。无所谓了,只要能继续往前走。

我们继续往前走!四个小时过后,我仍背着两只背包,而此时我终于体会到,为什么我父亲年轻时一直想逃离矿场学徒的生活,改学比较体面像样的专长。

天气阴晴不定,更糟糕的是,我们要不断地停下脚步,适时地穿上或脱去雨衣、雨裤。我们一直往前行走,雨衣里面的衣物虽然透气,但总难免会有一点潮湿,令人不舒服,因为快到目的地了,一切也就将就了。我们拖着沉重的脚步走在雨中,一心只想尽快抵达预定投宿的谢夫特拉恩修道院。我们在赶路时一直相信,自己已经听到修道院传来的钟声,后来才知道那是一种幻听:当抵达目的地的愿望越来越强烈时,人的幻想能力之大,实在令人惊愕。

已经接近晚上9点,夏日的暮色渐渐降临,席碧勒的眼神看起来相当惊恐。"你确定我们走对了吗?"她问,我们已整整一个小时没有看见那条穿越森林的伊萨河了!"不知道。"我招认了。已经走了七个半小时,我们还在路上,这已远远超过原先预期的五个半小时步行时间。

还好没过多久,我们真的听到了修道院的钟声。这时天色已经开始暗淡,我们只能抄近路。这是一位当地人向我们推荐的,大概派得上用场吧!他还提示我们说:"路面有点湿滑。"真不知他为何要如此轻描淡写地叮嘱。我们后来足足有一刻钟走在一条泥泞不堪的小路上,其中部分的路

从慕尼黑到因河谷地

面还被一条小溪冲毁;这时我们膝盖以下的裤脚及鞋子都沾满烂泥巴,为了通过那些用粗树枝或厚木板搭成的、摇摇晃晃的临时便桥,我们必须不断地保持身体平衡。有时为了避免直接踩进水中,我们就扶着一段用电线固定的牧场栅栏前进,抓住那些木头横条,双手交替着向前移动。总而言之,给人以一幅滑稽的画面:仅仅是第一天,四个远征者全身就搞得脏兮兮的,而且筋疲力尽。

森林终于开了缺口,修道院宏伟的建筑群豁然出现在农田、草地、牛群和平缓的小山丘之间,轮廓清晰可见。即使黑夜已经降临,我们仍旧可以清楚地辨识它的存在。我们从未来过这里,却有一种似乎回家的感觉。修道院经营的啤酒厂附设的旅馆(Klosterbräu-Stüberl)就在前面,我们将要住进一间舒适温暖的客房,喝上一瓶冰啤酒或一碗热汤,特别是还会有一张可以让我们呼呼大睡的床。

古时候没有完备的防盗安全措施,因此,修道院利用难以穿越的针叶

- **谢夫特拉恩修道院**

    谢夫特拉恩修道院是位于慕尼黑南部伊萨河畔的一所本笃会修道院,创立于公元 762 年。修道院的圣狄奥尼修斯教堂(St.-Dionysius-Kirche)装饰华丽,被视为洛可可艺术风格的宝石。1866 年,巴伐利亚国王路德维希一世把教育及培养年轻人的任务交予这所修道院的本笃会修士,因此,修道院便成立了一所中学。今天这所私立的文理中学一共有男女学生 420 名。

第一天　体力消耗殆尽

灌木丛做篱笆与围墙来阻挡那一群群盗匪或掉队的行军士兵。眼下可苦了我们了。拼尽最后的力气，我们绕着巨大的修道院建筑群走了一圈，终于看到了独栋的林间旅馆，前方一盏小灯孤单地立在窗边，为浑身湿透的旅客照亮通往旅馆的路径。好了，不会更糟了！尽管步履蹒跚，我们却轻松愉快地经过教堂，跨越最后一级台阶；卢文酿酒厂（Löwenbräu）金属盾徽上的那只狮子迎面向我们吼着，不过，我们倒不觉得有什么好惧怕的。这只狮子完全知道我们要什么。

比方说餐点，当然是愈多愈好啦，因此我们就放开地点餐：每人一份主菜及汤品，另外还给虚弱无力的孩子们各点一杯热可可。餐点很可口，但我们是如此疲惫，以至于几乎无法咽下食物。事实上，鲁卡斯一坐在餐桌旁就睡着了，弟弟菲力斯仍在和瞌睡虫奋战，尽量让眼睛张开。桌上美味的烤肉、脆炸猪排（Schnitzel）及香肠色拉几乎原封不动。真是不好意思，我们真的累坏了，而且胃好像被勒紧一般，装不下食物。

饭后回房间时，席碧勒的右腿根本就不听使唤了，她先用双手扶着左腿，再把右腿拉上去，就用这种方法一个台阶接着一个台阶地往上走，走上那个不到20级台阶的最后一级，随后进入位于二楼的房间。她渴望已久的热水澡就算了，水是冰凉的，而我连再下楼请服务员打开热水器的力气也没有了。之前在雨中趟着烂泥路时，我们不时地幻想，也许今晚还能泡个热水澡呢！

我们对于第二个健行日，根本不敢有任何的期待；当时抵达终点目标威尼斯的计划，就好像打算在隔天下午攀登高难度的瑞士艾格尔峰北坡的

从慕尼黑到因河谷地

陡壁①（Eiger-Nordwand）一样，极为荒诞可笑。我非常认真地问自己，第二天是否还有人愿意跟我继续行走。

① 艾格尔峰海拔高度为 3970 米，其北坡的岩壁异常陡峭，平均坡度为 70°，垂直落差 1800 米，是阿尔卑斯山群峰中攀登难度最高的山峰。作者一家人觉得徒步前往威尼斯遥不可及，就跟攀登艾格尔峰北坡的陡壁一样，毫无成功希望。——译注

第二天

通往威尼斯的门户

» 谢夫特拉恩修道院—盖雷茨里德（Geretsried），21公里
» 预定健行时间：6小时；实际使用时间：8小时20分钟

　　起床是一件吃力的事，这跟起床时间及睡眠长短都没有关系。最糟糕的是，我们全身酸痛。"根本就走不动。"席碧勒唉声叹气地说道，她弓着腰，好似一棵被风吹弯的五针松（Zirbe），正往浴室一拐一拐地走去。
　　稍后她在日记里逐一记下了早晨起来自己身体所有疼痛的部位：a）肩膀，被背包的肩带摩擦；b）臀部，被背包的腰带碰伤，今天大概还是得背上背包，继续受罪吧；c）整个腿部肌肉，也就是大腿肚与小腿肚的肌肉紧绷（摸起来像石头）；d）背痛一直往下延伸到腰椎骨。
　　像高龄的长者一般，我们步履蹒跚地下楼走向早餐室，这副狼狈、滑稽的样子，幸亏没有其他人看到。我想，当时如果没有抓稳木梯扶手，大概会直接滚下去吧。所以得用双手支撑，紧靠栏杆，拖着剧痛的双脚小心翼翼、一级一级地往下蹲。我们自问，待会儿如何再走上去呢？我们得拿行李啊！然后呢？我们做的健行计划当然得继续落实。"无法想象，我今天要如何走这六个小时的路。"席碧勒强颜欢笑地说着。如果可以按既定

从慕尼黑到因河谷地

行程继续走下去,这是再好不过了。我们已经在盖雷茨里德、巴特特尔茨(Bad Tölz)以及沿途计划下榻的山庄预订好了房间,而且还付了订金。在这种——天气骤然变化,时而乌云密布,时而雨说下就下的——情况下健行,我们心中充满疑惑。不如今天我们就趁着艳阳高照的好天气,到修道院露天啤酒馆里休息,翌日再轻松地到处走走;之后,背上沉重的背包,怀着愧疚不安的心情打道回府。

孩子们仅仅抱怨他们有轻微的肌肉疼痛,鲁卡斯甚至显得精力充沛,这大出我们意料之外。他向弟弟喊道:"我们出去玩蹦蹦床吧!"这是修道院露天啤酒馆里的游乐设施,可以让那些生活在城市里的孩子活动一下身体。但我并不想让这两个小男孩去那里蹦蹦跳跳。不!因为这样一来,他们将很快就耗尽体力。

接着我们又辛苦地爬楼梯,回到二楼的寝室。没想到通过不断地来回活动,反而让肌肉和关节灵活起来,酸痛症状也明显减轻许多。我们的内心自问,到底为什么会出现这么剧烈的肌肉疼痛?大概一来是负荷过重,二来与我们穿着笨重的登山鞋有关。

早晨的行李打包往往是个大灾难,第二天甚至这段日子都会依然如此。实在无法理解,整理四个背包,把负重做合理的分配竟会如此耗时间。我们在出发前,将沉重的东西尽量放到背包里靠近背脊的地方,再把雨衣、套头毛衣、照相器材的备用电池或干果杂粮棒(Müsliriegel)整齐地摆放进去,这样一来,需要拿东西时便不用费劲翻找,打开背包就可以随手拿取。不过,所有东西在使用过后都得再往背包里硬塞,背包里的东西又会逐渐变得杂乱无序。还有,让孩子们帮忙打背包,简直是天方夜谭,因为

第二天 通往威尼斯的门户

他们对于父母的要求，比如先把睡衣叠好放在塑料袋内再装入背包，总会以反问作为回应——"我的睡衣在哪儿呢？"菲力斯问，好像我应该知道他随手把它丢到哪里似的。等到我在一团杂物中找到这件睡衣时，他就直接塞进了背包里，根本就记不得应该先把它装进塑料袋。突然，我们发现孩子们把他们心爱的两只很旧的填充玩具大象——库施利（Kuschli）与库施利·莫里茨（Kuschli Moritz）——偷偷地夹带出来。看来我们必须像从前北非的迦太基将军汉尼拔①那样，也带着大象翻越阿尔卑斯山，并攻陷意大利半岛！

我们终于在健行专家通常考虑吃午餐的时间——10：30——出发了。由于时间的因素，我们根本没有好好地参观这座修道院。昨天晚上没办法想太多，而今天——完全可以理解——我们很晚才懒洋洋地起床。我们离开修道院时，除了不情愿还是不情愿。

刚走不过500米的路程就已经很烦人了，走到100米时，天空便开始下起毛毛雨。当我们继续蹒跚往前行时，菲力斯却停了下来，在背包里翻找雨衣；席碧勒也停下脚步，拿出雨衣穿上。鲁卡斯拒绝穿雨衣，他的想法跟我一样："雨很快就会停的。"我们等得有些烦躁，直到他们两人赶上后，才又继续往前走。但接着雨下大了，鲁卡斯和我无法再硬拗。"我们要

---

① 汉尼拔·巴卡（Hannibal Barca，公元前247—前183），北非古国迦太基名将、军事家，欧洲历史上最伟大的四大军事统帅之一。第二次布匿战争期间，汉尼拔奇迹般率领军队翻越阿尔卑斯山进军意大利北部，并以少胜多重创罗马军队。汉尼拔翻越阿尔卑斯山行程近900公里，攻克了许多艰难险阻，只用33天时间越过了冰雪覆盖的悬崖峭壁。由9万步兵、12000骑兵和几十头大象组成的大部队，战后只剩下2万步兵、6000多没有马的骑兵和一头战象。这头大象即汉尼拔自己的座驾：一头印度象，名叫"Surus"。——编注

从慕尼黑到因河谷地

穿雨衣。"我低声地说。席碧勒和菲力斯这时得意扬扬,一声不吭。我们再度停下,放下背包,拿出雨衣穿上,再背起背包,调整好背包的位置,把背包的腰带扣紧在腰间,然后继续前进。或者说,我们终于出发了,一切还算如愿。

几分钟后,开始下起倾盆大雨。我们很担心,孩子们的背包对于一般的雨势可以防水,但碰上这种暴雨,内层就会湿透,连带所有换洗衣物都会遭殃。所以我们只好又停下,连忙抽出防雨罩套住背包。我瞄了一下手表,天啊,将近11点了。真是令人光火!为了稳定情绪,我不断地像口头禅般地提醒自己,事实上我是来度假的,应该尽情享受这次健行,寻求内心的平静,不要再疲于奔命了!因此,本来我快要爆发了,却还可以强迫自己别神经紧张,别一直僵硬沉重地往前走,好好地欣赏沿途的景色,仔细地观看那些立于伊萨河沿岸、内容详尽的植物解说牌。这些信息真的很吸引人。从阿尔卑斯山上流下来的水,每年将数以百万计的植物种子往慕尼黑方向沿岸散播,因此这里的植物种类极其丰富多样。如果我们只是一味赶路,就会错过很多值得看的好风光。

现在我们的情绪已缓和许多,身心也充分准备好要离开慕尼黑大区,进入巴伐利亚的阿尔卑斯山山麓。我们开始感受到典型的巴伐利亚风情,并因此而兴奋:散发着特殊魅力的布鲁肯菲舍尔(Bruckenfischer)旅馆插着巴伐利亚蓝白两色的旗帜,和上面的蓝天白云相呼应,这时天空的云层突然散开(现在我们又把雨衣、雨裤脱下)。在一阵管乐的吹奏声及玻璃杯碰撞的当啷声过后,我们还听到了鸟群啾啾的鸣叫,像从一片寂静虚无里传出的鸣响。我们登上伊萨河堤,在高处远眺,把所有景物尽收眼底。

第二天 通往威尼斯的门户

● 伊萨河木筏漂流

将伊萨河上游山区砍伐下来的17—20根树干捆成木筏,从巴特特尔茨出发,一路向下漂流到慕尼黑附近的木材加工场。因此,原先伊萨河木筏漂流具有实际的经济价值。大概自19世纪末开始,木筏漂流也提供娱乐性服务,至今已有一百多年。有些生日派对、公司的庆祝会或未婚男子告别单身纪念会,都会选择乘坐木筏以庆祝。

伊萨河上刚好有许多木筏漂流过来,由十几二十根木材捆成的木筏一艘接着一艘地沿着河道往下游慕尼黑的方向漂去。管乐队的乐师穿着巴伐利亚的传统服装皮革吊带短裤、长筒袜,头戴羽毛毡帽,演奏着世界各地的名曲,曲调的风格不一。德国的民谣《罗莎梦》(*Rosamunde*)和英国的摇滚曲《满足》(*Satisfaction*)都是演奏的曲目。后来啤酒桶被打开,会场的群众向自己也向我们举杯致意。依照巴伐利亚传统习俗,凡在木筏上的男士都必然自在地站在木筏的边缘,朝着伊萨河方便,而且还必须用喷出的尿柱在河面上画一个大弧线。

在走过第一天"惬意"的健行路段之后,第二天计划的行程比较吃力。今天我们打算走到盖雷茨里德,距离出发点谢夫特拉恩修道院约六个小时路程。但如果人们搞清楚我们在途中的速度和状况时,就会知道,预定的步行时间只是随口说说而已。

将我们的计划跟德国知名的健行指南作家格拉斯勒所建议的原始路线

从慕尼黑到因河谷地

对照的话,就会明白,六个小时的路程其实是对一段明显截短的路线而言。这位健行达人所拟订的健行标准和我们不同。他认为每天走一段约八个小时的路程是健行的惯例,例如从慕尼黑至巴特特尔茨,这段路程我们计划要走三天,而格拉斯勒则认为,只要两天就可以走完。他在他的健行指南中还说,这种健行速度是在溜达,是在闲逛。

沿着伊萨河健行的这段路线景致绝美。我们轻松愉快、兴致高昂地走在河堤上,笔直的河堤引领我们一路往南。伊萨河在我们的右下方静静地流淌,它有时突然转入茂密的树丛,在我们眼前消失。沿途除了碰到一些零星的散步者,我们几乎是孤零零的,有时走上好几个小时也看不到其他的人影。

这段路程最引人注目的地标之一是伊京村(Icking)古老的水闸。覆有屋顶的闸桥入口处,有一扇很不起眼的灰色钢质大门,我们特别注意到上面贴着一张"慕尼黑—威尼斯健行路线"的专属图徽,图徽上有慕尼黑圣母教堂(Frauenkirche)的塔楼、威尼斯狭长的平底小船贡多拉(Gondel)和绵延的阿尔卑斯山群等。这是我们第一次在这条健行路途中看到的图徽,它被当作指明路线的标志,我们当时觉得,似乎通往威尼斯的一扇决定性大门突然为我们这些徒步的旅人敞开了。看到这个钢门上的图徽,心里感到很踏实,好像这趟健行真的没问题了。

木制的闸桥横跨伊萨河,下方湍急的河水,壮观又略带惊险,特别吸引孩子的目光。接下来我们便走进林中小径,沿途的景观单调,让我们觉得有点无聊。三个半小时之后,菲力斯已完全累瘫,快到沃尔夫拉茨豪森(Wolfratshause,格拉斯勒的家乡)时,他的眼泪夺眶而出。"我不行了!"

第二天　通往威尼斯的门户

毫无疑问，我只好接过他的背包，立时这个小家伙又变得生龙活虎起来，态度简直是180°的大转变。他四处蹦跳。我们在下午两点半左右抵达沃尔夫拉茨豪森，沿途的步行很顺利。

我们在沃尔夫拉茨豪森用餐，休息了整整一小时。这是绝对必要的，因为我们的双脚发烫，需要脱下鞋子让脚透透气。到目前为止，孩子们的表现可圈可点，菲力斯短暂的周期性虚弱例外（这无妨，反正有人替他背背包）。

当沃尔夫拉茨豪森的童话公园映入眼帘时，孩子们兴高采烈。"快看，云霄飞车！"菲力斯非常兴奋。毫无疑问，他会很开心地在这儿玩整个下午。不过，我们根本就没时间再停留，但这两个小男孩领会了父母的心思，没有提出异议，这一点倒让我们感到很惊讶。

大部分的健行时间，我们都是两人一组地行走，孩子们总是抢着要跟父母说话，反而我跟席碧勒无法好好地聊天。他们喜欢在路上跟父亲或母亲交换心得，谈论一些关于他们的同学和校园里发生的趣事，或是提起突然无法与某个朋友好好相处的原因。在健行途中，亲子两人走在一起，有时还会有严肃的对话和讨论；然而，这么深刻的亲子对谈在日常家庭生活中却长期受到阻滞。身为父母者其实应该安排时间与孩子好好谈心，聊上几个小时，说什么都行，比方说，自己孩提时或很久以前与爷爷奶奶一起度假的情形等。全家一起长途健行，确实为亲子互动提供很好的机会。人在野外，既没有电话铃响，也没有尚未完成的家庭作业，更没有电视、PS4等东西的干扰，只有大自然和我们四个人。真是太棒了！

伊萨河从左侧缓缓流过，中间还隔着一座隆起的沙丘。此外，就只剩下鸟的啼鸣和健行手杖碰触地面时发出的咯咯声。我们很快就学会了使用手杖健行。手杖即使在平坦路段也非多余的无用之物，它成了我们行进时重要的支撑。

可惜我们直到第二天行程快结束时，才清楚地了解到手杖的优点。在那之前，我们这些健行新手还认为，只有在山区里，手杖才真正派得上用场。我们第一天出发时，还将它们绑在背包上晒太阳！其实拿着手杖走路会轻松很多；背背包时，也能获得一种完全不同的舒适感。不过，说到健行时出现的身体疼痛，除了没有善用手杖之外，身体还会因为不习惯活动方式的改变而以剧烈的肌肉疼痛提出抗议。我的整个背部及两边肩胛部位的肌肉明显地出现交叉拉扯，这种疼痛的感觉，至今我仍无以名状。接下来整整两天，疼痛就像是从沉睡中被唤醒一样，平常隐藏的症状突然爆发，这不只是双脚，就连手臂也开始疼痛。

我们一路顺利地往盖雷茨里德的方向走去。今天正式启程后，阵雨也停了，我们享受了夏日的温暖与风和日丽。然而在下午4点钟左右，又开始下起倾盆大雨——我们再次因为太晚起程而自食恶果——这个时候老练的健行者应该已经在冲热水澡了，而我们还不得不忍耐着炎热，拖着沉重的步伐继续向前。在晴好的天气下健行，有如置身人间仙境；如果碰到恶劣的天气，只有穿上高质量、绝对密不透水的衣物，才能在骤然而来的挫折中安然挺住。虽说这条路径隐没在森林中，却多半要沿着伊萨河岸前进，雨中的自然环境变幻莫测，景色如画，充满魅力。塞翁失马，焉知非福？

"还有多远？"我问一位住在花园山（Gartenberg）的女士，花园山位于盖雷茨里德镇附近。"不远了，只剩1.5公里。"她微笑着回答，我们也

第二天　通往威尼斯的门户

报以微笑。当然不可能太远，所以，提起公里数完全是多余的。不过，出乎意料的是，我们后来却因为被两位所谓的"本地人"指错路，而在将近一个半小时后，才抵达"提琴手"（Geiger）旅馆，当时已是晚上7点了。我们的腿脚、臀部、双肩都隐隐作痛，两个大人一下子就倒在了床上，席碧勒说："我的腿从来没有这么痛过。"而此刻孩子们却在旅馆的院子里踢足球，这一点令我们实在无法理解。

真糟糕！我们要再度出门，因为今天旅馆的餐厅停业。"有一家意大利餐馆，走路只要15分钟。"老板娘笑着对我们说。我们只能跟着微笑。我不想再穿健行鞋，因为我右脚的"阿喀琉斯之踵"①既痛又肿。我穿上红色健行短袜及开口的"提娃牌"凉鞋（Teva-Sandalen），带着家人在毛毛细雨中向"高贵的意大利人"（Edel-Italiener）餐馆走去。一切都无所谓了！

---

① Achillessehne，阿喀琉斯是荷马史诗中的英雄。传说他的母亲忒提斯为了把儿子磨炼成"金钟罩"，在他出生时就倒提他浸入冥河。因河水湍急，母亲捏着他的脚后跟不松手，脚后跟却露在水外，留下一个遗憾。后来竟成为他最为软弱的地方。长大后，他作战英勇，然而被帕里斯一箭射中脚踵而死。后人以此譬喻，再强大的英雄，也有致命的软肋。——译注

第三天

山峦近在眼前

» 盖雷茨里德—巴特特尔茨（Bad Tölz），18公里
» 预定健行时间：5小时15分钟；实际使用时间：7小时05分钟

　　早上醒来精力充沛地从床上跳起，热情满满地开始新的一天，没有什么比这令人感到更美好的了。当然，今天还是把这些都忘了吧。一早醒来，我们从床垫上小心翼翼地抬起饱受折磨的腿脚，奋力地走向浴室，可堪告慰的是，好歹这还是一条笔直的走道。无论如何，今天我们还可以再自嘲一番——或至少我可以嘲笑席碧勒，因为我用录像机把她如何呻吟、如何缩着脖子身体前倾地蹒跚走向浴室的情景拍了下来。"这是最后一次了。"她从浴室出来时责备道，而且极力地挺直腰身。不过，今天我们的身体状况的确比第一天好多了，几分钟后，疼痛感已经明显消退。

　　至少到目前为止，我们的双脚还未严重起水泡。也许因为我们每天早晚都细心地在双脚上涂上厚厚一层维列达（Weleda）公司制造的足用止痛药膏。不过这款特效药却存在些许美中不足之处：药膏"清新的"薄荷味和健行袜散发出的气味相混合，产生出一种无比难闻的气味，几天后，我们根本无法再忍受下去了。虽说可以选用另一种气味平和一些的鹿脂膏，

第三天　山峦近在眼前

但席碧勒却坚定地拒绝。她觉得双脚的气味很"恶心",这一点直到今天我仍无法理解。事实上双脚在晚上只是发出薄荷和汗水混合的气味,还不至于到"恶心"的程度吧。

今天虽然不是特别暖和,但阳光普照,周边的山峦在晨曦中清晰地耸立在眼前,如果人们有机会造访此地,就会发现景致是多么的吸引人。最佳的健行天气及壮丽的山色鼓舞着我们继续前进,我们神清气爽地出发了!然而,还必须稍微绕个路到昨晚用餐的意大利餐馆,因为我在结账时把信用卡落在那里了。我对自己的失神感到懊恼,而孩子们却很高兴,他们发现餐馆旁的那家冷饮店已经开始营业了,这些事又让我们额外花了10分钟,正式启程已是 9:55。

说实在的,根本没必要造访盖雷茨里德市区,我们只是匆匆地经过那一长排造型呆板的房舍。盖雷茨里德因为那条年代久远的装甲车专用道而闻名。这条被废弃的装甲车专用道隐没在森林当中,两旁有逐渐倾颓的掩体,一路下坡便能抵达伊萨河畔。孩子们总对这些军事设施感到兴奋,即使背着背包也可以毫不费力地在这些残余的混凝土建筑上爬来爬去。如果还可以走进掩体内部探险,感觉就更刺激了!孩子们无论如何都不肯乖乖地依照既定计划赶路,他们总想就地多逗留一会儿。不过,我也对于自己的反应感到惊讶,不知为什么,我突然变得如此冷静沉着,我从来不这样。这里对我来说是怎么了?

我的平静只持续了15分钟便消失无踪。因为菲力斯在掩体里掉了一只自行车专用的皮制手套。那双手套是为登山或手握钢绳时起保护作用做准备的。我真是怒气冲天,因为我觉得健行时根本不用戴手套,但是不管怎

从慕尼黑到因河谷地

两个小男生被已然废弃的装甲车专用道所吸引

样,对于一个8岁的孩子来说,可以戴着裁掉前端、看起来很酷的半截手套,沿途向人炫耀一番,是多么得意的一件事啊!后来鲁卡斯也帮忙寻找那只手套,几乎耗掉半个小时,还是没有找到,现在行程又再度延迟了。

  我们沿着从前修筑的那条装甲车专用道走到伊萨河岸时,刚好与住在盖雷茨里德的健行指南作家格拉斯勒"失之交臂"。一位年约30岁、看起来热情满满的男子告诉我们,格拉斯勒刚刚骑自行车经过,还特地停车为他手上那本由本尊撰写的健行指南签名呢。"快看,我拿到了他的亲笔签名呢!"他很高兴地向我们展示格拉斯勒的签名。这个人是我们在途中遇到的第一位打算一路步行到威尼斯的健行者。这位仁兄的谈吐令人印象深刻,孩子们看到他也跟着兴奋起来。我们彼此交换了健行经验和心得,他还赞扬了孩子们。他也跟我们一样深受足痛之苦,而且他也深刻地感受到,

第三天　山峦近在眼前

截至目前，实际的健行体验远比地图和健行指南所说的信息还要艰苦得多。他在这段路程上遇到过一些以威尼斯为目标的健行者，他知道每个人都苦于脚痛，他安慰我们说："人的脚几乎都是有问题的。"席碧勒心领神会地点点头："我只是停下来一会儿，就立刻觉得身上的许多部位疼痛，几乎无法再往前走了。"

与这名男子告别后，我们发现自己被身边的一个个健行者纷纷超越，他们有的独自一人，有的成双成对，各种年龄层都有。很多人只是纯粹行走，没有特定的目的地，能走多远就走多远。譬如，有两位较年长的健行者告诉我们，他们有五个星期的时间可以健行，这次"只"想去意大利南蒂罗尔的维皮泰诺（德语：Sterzing，施泰清），之后的行程还没有决定，什么时候想健行都可以动身出发。大部分的健行者都没有特定的目标：有谁会像我们这样，从慕尼黑出发，还把威尼斯设为最终的目的地呢？

我们在步行途中注意到一些细节：健行者不会心情恶劣、喜怒无常，甚至连抱怨也没有，大家都心胸开阔，真正做到精神和情绪的平衡，而且还充满好奇心，看看今天会遇到什么人、什么事物。此外这些健行者还有一个共同点：他们都比我们走得快，值得我们学习。为了照顾家人停下来，重新绑紧鞋带，或查看健行指南，或因某人没跟上而停止前进，这些因素都会造成行程的耽搁。但为了彼此的步履快一点，势必要改掉一些不良习惯。如果所有人都要互相等待，到头来会很难按计划到达目标。

对于128厘米高的菲力斯来说，这次长途健行是最辛苦的。他在如此长距离的旅程中要跟上其他人，本来就已经有困难。后来这个小伙子得了一个懒惰鬼的绰号，我们作为父母的，得经常鞭策他迈步前进。特别是在

从慕尼黑到因河谷地

大自然里健行时,他总觉得很闷。我们有时也很难看出来,他到底是精力耗尽,还是纯粹感到无聊。

如果我们为了鼓励菲力斯继续前进而告诉他,今天的目的地快到了,他还会出现一种令人不敢领教的状况:这个刚长出满脸雀斑的8岁男孩反而会跟我们唱反调,故意在后面慢慢地溜达来挑衅我们。他无动于衷地走在后面,落后我们50米,还会在路边用手杖敲打灌木丛,带着一副极不耐烦的表情强调:"我撑不下去了!"

还好,上述的状况今天到目前为止还没有发生。我们继续步行前进,并抵达传说中的"画家视角"①。这个观景处视野宽阔,便于游客观赏下方蜿蜒的河流以及近在咫尺、横亘连绵的阿尔卑斯山脉。这种全貌式风景(Panorama)真是令人印象深刻!这时,孩子们也兴奋地眺望远方,赞叹如此不可思议的秀丽风光。接着我们又经过一条由山泉流注而成的小溪,灌满了随身携带的水壶后,继续走在诗情画意的步道上,横越明媚的罗特溪(Rothbach)。这条小溪有着独特的、铁锈般红色的河床,它自低矮的树丛中现身后,便如蛇行般蜿蜒。我们知道,树丛后面还有一条通往伊萨河的小径。"河边应该有河蟹吧。"菲力斯思索着,还朝水中寻寻觅觅。从这时开始,他不停地、不知倦怠地找寻这种动物。"可是这儿没有啊,它们一定躲在什么地方了。"他始终没有抓到河蟹。事实上,整条伊萨河及它的支流都没有河蟹。

---

① Malerwinkel,吸引游客驻足欣赏阿尔卑斯山的一个极佳的位置,因景色如画而得名。——译注

第三天　山峦近在眼前

我们来到有阳光的林中空地，抄近路越过森林，终于又回到伊萨河岸。伊萨河现在已比流经慕尼黑的河段明显狭窄许多，水质当然也比较干净。这里的河水相当浅，颜色是介于蓝与绿之间的土耳其蓝，水流如此安静地潺潺流逝，水温在这个比往年还要低的8月天里显得冰冷。我们走过好几个宽广的砾石滩，并在其中一个砾石滩上驻足，拿出我们寒酸的午餐，一家四口就这样吃了起来。因为我们不知不觉地错过了一家小吃店，这时只好把干果杂粮棒拿出来充饥，否则无法对付体力的消耗。我们出发前就已买好无糖能量棒，它的售价比一般加糖的杂粮棒还要贵，不过，大家通常都不喜欢吃这种食品（也许正是因为没有加糖的缘故）。这种热带水果口味的杂粮棒带着一股发霉的腐味，好像过熟香蕉的刺鼻气味。请闭上眼睛想象一下那种感觉：把快要烂掉的香蕉那层发黑的外皮剥掉，咬一口里头黏糊糊的果肉。喔，简直快要让人反胃了！

鲁卡斯向来吃惯精致的食物，因此非常讨厌这种杂粮棒，坚决不吃。所幸他一路上还带着一大块口感较干的德式心形姜饼（Lebkuchen），是奶奶在送行时给他的，这会儿便啃了起来。在河流标识193公里处，我们离开伊萨河，转入了一条通往几个聚落的狭窄道路。我们经过了魏勒洛亨（Weiler Lochen）、里姆斯莱恩（Rimslrain）、费希特（Fiecht）这些村落，一路往巴特特尔茨方向行进。这是一条充满田园风光的小路，可以在沿途欣赏缓坡山丘的景色，还经过阿尔卑斯山区的农家、小教堂、牛栏以及放牧乳牛的草场。那座孤单的小巴士站似乎被时间遗忘了，它或许曾是乡土电影里的人造景观的建筑物，是工作人员在影片杀青后留下的。小巴士站里除了贴有一张巴士时刻表之外，还挂满了乡村迪斯科舞厅的旧宣传海报，

从慕尼黑到因河谷地

这种老旧的小型公共建筑物会激发你怀旧的情绪,也会令你想要尽快离开,继续朝着目的地前进。

我们挤在这样一间巴士站的亭子里等候了整整一小时,外面正下着倾盆大雨。另一位以威尼斯为目的地的健行者在这时跑了进来,他单独一人上路,也跟我们一样有脚痛的问题。"我在慕尼黑出发前特意买了双新鞋。"他有些闷闷不乐地说着。他为了适应这双新鞋,便总是穿着它,然而,新鞋会磨脚,这是大家都知道的事。

当雨势突然转小时,他就先行出发了,我们一家人也拖着沉重的步伐继续前行。雨小了,现在下着毛毛细雨,走在柏油路上让我觉得很不舒服:柏油路面不只在折磨我的"阿喀琉斯之踵"(这块肌腱现在真的发炎了),也在损耗着我的膝关节,令我无法再承受持续的重负。我们四个人现在已经无法走在一起,每个人都尝试用自己的节奏尽可能地快速前进。可怜的菲力斯老是拖着鞋子吧嗒吧嗒地赶路,始终落后我们二三十米。他用雨衣把自己严实地包裹

纪念性的公共建筑物

第三天　山峦近在眼前

起来,让我们几乎认不出他。

针对这段路程,晚上席碧勒在她的日记里写道:"菲力斯再度感到痛苦和绝望,而我自己也累坏了。然后奇迹出现了:一辆车子停在路边,一位女士问我们,是否要搭便车,她可以将我们这些浑身湿透、负载沉重的健行者捎往巴特特尔茨。特别是菲力斯最让自己感到于心不忍。"

我们毫不迟疑地上了车,忘却了一路步行前往威尼斯的计划,幸福地坐在车里。挡风玻璃因蒙上水汽而模糊,暖气设备低沉地轰隆作响,我们心里只有喜悦,在动身整整七个小时之后——现在是下午5点钟——终于不必再走了!健行是美妙的,但在倾盆大雨中坐在暖和的车里前往目的地,绝对更有吸引力。

我们经过伊萨水库(Isar-Stausee),因为持续下雨而使水位升高,水库的建筑已被淹没。无所谓,没必要什么都得看到。我们的救难天使直接在桑特尔(Zantl)旅馆前让我们下车,对此我们只有无尽的感激。感谢!最后4.5公里不必在大雨中行走。感谢!终于可以躺下来休息。感谢!能够将令人恼怒、湿漉漉的、价值170欧元的长皮靴脱下。这里即使无法冲热水澡也无所谓了。

在健行中绝对会碰到这样的问题,我们会质疑:为什么最初要这样打算,且要执行到底?即使走在里姆斯莱恩至巴特特尔茨这段一共13公里、并不很长的路段时,我也常常这么思忖着。同时我为陷入这场天人交战感到内疚,因为这个疯狂的点子——走这样一条路线——是我提出的。然而,此刻意欲放弃继续健行的想法却变得愈加强烈,我当时真想扔掉手杖,用手机打电话叫出租车去火车站,搭火车回家。

从慕尼黑到因河谷地

为何我们第二天仍精神抖擞地继续健行？根本的理由应该是，我们已下定决心，让生命留下特别的历程。我们对于这项徒步远征的计划当然怀有恐惧感，不过，我们也知道，路途中有很多值得期待的乐趣。因此即使是雨天和痛彻心肺的脚伤都无法让我们屈服和放弃。我们继续前进，或许是因为群山几乎已触手可及。或者长久以来，我们一直被这样的吸引力所驱使：我们想证明，这个家庭到底能用脚走多远？因此，显然这一路途只有坚持走下去！

在桑特尔旅馆里，我们虽然疲顿不堪，然而为了谨慎起见，避免高估自己的能力，还是立刻重新调整明天的行程。明天不用再长途跋涉去棕角峰（Brauneck）了。我计划搭缆车上去，孩子们为此雀跃不已。

不过当他们意识到，我们曾承诺去麦当劳，而今因它离旅馆过远，不可能再绕道过去了，他们便不

巴特特尔茨的桑特尔旅馆

第三天　山峦近在眼前

那么高兴。鲁卡斯甚至还发脾气，因此我至少得兑现我的另一个轻率的承诺：陪他踢足球，"即使下大雨也要跟他踢足球"。足球是他从慕尼黑带来的，今天他终于又可以如英雄般无所畏惧，到处慢慢地盘球。虽然我也跟着玩，但无论如何我只能使用"一只脚"，因为"阿喀琉斯之踵"的疼痛开始往上蔓延，这回连右腿膝盖也开始抗议了。此时在盥洗台洗袜子和内衣上的污泥斑渍的席碧勒大声地抱怨："该死的水槽塞，竟然塞不紧！"

桑特尔旅馆的餐厅刚好就在我们房间的楼下，这里专门供应巴伐利亚的有机料理。虽然价格不便宜，却是出人意料的美味。经过这家旅馆的人，一定要进去品尝他们烹调的煎饼汤（Pfannkuchensuppe）。老板娘用小牛骨熬的底汤，味道真是无与伦比的鲜美。

或许是嫌白天的经历还不够兴奋刺激，这会儿还有一段短短的惊吓来凑个热闹：鲁卡斯突然在餐桌旁大叫，因为他无意中咬了一口喝饮料的玻璃杯，满嘴都是碎玻璃。我们小心翼翼地把玻璃碎片从他的嘴里挑出来，谢天谢地，他并没有受伤。

上了年纪的桑特尔旅馆的老板娘来到我们的身旁坐下，感觉很温馨。她观察过许多以威尼斯为目的地的健行者：许多人辛苦地继续向前；许多人在巴特特尔茨短暂停留，好让他们的双脚接下来走得更好；不过，也有许多人中途放弃。这条梦幻健行路线虽然是一段绝美的路程，不过，对于那些不那么适应的人而言，它可能是一条受难的道路。

"从慕尼黑到这里的这一段路是最辛苦的，"她说道，"我看过很多人走到这里时，双脚不只肿胀而且还长满水泡，当时他们还以为，这对他们来说，已经是终点了。不过，大多数人第二天还是继续前进。"老板娘还分享

从慕尼黑到因河谷地

了一件对于我们真正可参考的事,它就发生在几天前,"有四位四五十岁的男士用手机打电话说,他们人在水库,想来我这儿夜宿,却再也走不动了。于是我开车把他们接了来"。这件事让我们感到欣慰,因为其他人也面临与我们完全一样的情况。也许我们不是软弱无能之辈,但有时我们确实觉得自己就是如此。今天我们要很快地上床就寝,毕竟我们明天还想一大早动身呢。哎呀,开个小玩笑罢了!

第四天

阿尔卑斯山以闪电与雷鸣问候我们

» 巴特特尔茨—棕角峰（Brauneck）山庄，15公里
» 预定健行时间：伦格里斯（Lenggries），4小时；实际使用时间：连同搭缆车登上棕角峰，5小时30分钟

一大早启程的计划再度成为泡影。我们在 7:20 起床，准时在一小时后享用一顿真正出色的有机早餐，包括旅馆自制的面包、果酱及鲜榨果汁。这次从巴特特尔茨启程之前，为何耗掉较长的时间？原因是，我们去了药店，稍作停留，店员以会心的微笑接待我们。"几乎所有步行去威尼斯的人都会来这里。"药店老板自信满满地露出牙齿笑着，稍带点儿幸灾乐祸。可惜他对于如何治疗"阿喀琉斯之踵"发炎所引起的疼痛，除了让脚休息几天这个不合用的建议外，只能提供两小片药膏以减缓炎症的疼痛。

下一站是药妆店，在那里我们可以买到绷带，这样就可以把那些我们绑在发痛的膝盖上的、看起来已用很久的绷带换下。"我们很虚弱吗？"席碧勒问，她看起来有点像康复专科医院（Reha-Klinik）里的病人。"外表看起来不是的。"我用惊讶的眼神刻意奉承她。她昨天获得了不少新鲜空气，今天的生命就像花朵般盛开。相当明显地，我现在每走一步，关节就会出

从慕尼黑到因河谷地

现局部疼痛,我们通常会因为太过乐观而不使用绷带,但现在可要接受它,且要衷心地感谢它。别看现在是 8 月天,今年还特别阴湿,反正下雨天也不能穿短裤,膝盖绑着绷带根本不用担心不雅观。

没有在巴特特尔茨好好休息几天,是我们犯下的错误。一方面,身体因为不寻常的活动量而出现的肌肉酸痛,极为需要好好休息,即使只休息一天或待在比较高级的旅馆所附设的健康休闲中心放松一下,都是很有帮助的;再者,这座小城简直美极了,匆匆走过未免可惜。而且,只要一路走到这里(早就不是所有的人都能做到的),就配得到几天的休息时间。这个小镇是慕尼黑—威尼斯梦幻健行路线的歇脚点,而非赎罪忏悔或朝圣的所在。

这实在是很独特的经历:人们在健行的路途中,会很快地适应一种完全的宁静,之后就不愿再失去它。穿过巴特特尔茨行人徒步区往伊萨河方向走的健行者,总会在桥上完全无预期地遭遇交通混乱的嘈杂声。大体上,这并不是多大的干扰,不过,对于已经在安静的自然环境健行三天的我们来说,却忽然无法忍受。还好往下走到伊萨河边后,汽车引擎的噪音很快就被抛在身后。伊萨河水的流淌声是我们所熟悉的,也是我们喜闻乐见的。山峰高高地耸立着,这极大地鼓舞着我们,我们兴奋地迈开大步走着。此外,我们全家也很期待第一次在高山上过夜。

天气倒是马马虎虎,有时会下毛毛雨,我们仍兴致高昂地迈步向前。绑在膝盖的绷带稳固了关节,疼痛的症状减轻许多,真是不可思议。特别是我们已经习惯背负沉重的背包,因此,腿部肌肉今天只有过短暂的疼痛。虽然,我们承受肌肉酸痛的时间比我父亲预测的还要多一天,但至少我们

第四天　阿尔卑斯山以闪电与雷鸣问候我们

已经开始要甩掉这种不堪的经历。此时，我突然意识到背包的重量是理所当然的负担。这种感觉也让我们很错愕！难道我们不能成为名副其实的健行达人吗？

人们大概会因为巴特特尔茨到伦格里斯的路段地势平坦，路况很好，走起来很轻松而觉得单调乏味，但我们却在途中发现了它迷人的地方：河边的鹅卵石区有一部分生长着稀疏、低矮的植被，让人想起了苔原。每往前走一步，阿尔卑斯山脉的轮廓在早晨的雾气中显得更加清晰。现在有时会下起骤雨，但这完全无法阻拦我们的热情。后来我们还发现河滩上有许多用大块卵石堆起的2米高的金字塔，这是德国艺术家的地景艺术作品。整整50座石子金字塔直接矗立在河边，形成奇特的景观，令人非常兴奋。这些石子金字塔只是短期作品，当春天来临，阿尔卑斯山区雪融时，它们就会被伊萨河高涨的河水从砾石滩冲走。

沿途竖立着许多路标，不过，它们很显然仅仅指出大概的方位，让健行者知道自己是否走对方向，并不需要太在意它们的存在。至于那些标明公里数的路牌就不同了，它们往往令健行者犹如五雷轰顶，因为按路牌所标的公里数，我们在半小时前就不该往前走，而该回去。当我们因为这个路标而以为走错路时，孩子们的情绪特别激动。"真是乱来！"鲁卡斯抱怨道，"本来很高兴就快到达目的地了，哪知道还要走好几个小时。"他说得没错。如果有人在细雨中健行，而且已经完全虚脱；当他注意到离目的地五公里的路标指示而松了一口气，却又在半小时后看到另一个路标，上头显示的公里数竟是原先的两倍时，这真的会让他完全崩溃。健行者在路途中的任何一个地方，都可能会遇到这种情况。

从慕尼黑到因河谷地

乌云逐渐消散,水汽变少,离伦格里斯也不远了!这一切实在难以置信,三天前我们还在大城市的市政厅前和游客一起凑热闹,观赏钟塔上机械人偶的表演,此刻却已走在了阿尔卑斯山区。

孩子们跟着我们健行,每每情绪激昂时,就会跑跳起来;当景色不值得一顾时,就会慢吞吞地拖着脚步走。这其实也没什么不好。孩子们当然是用自己的眼睛看世界,考虑事情有自己的准则。山脉在他们眼中虽然和蔼可亲,具有视觉上的吸引力,但在伊萨河畔的经历却更精彩刺激。小河流的交汇让他们感到乐趣无穷,他们不只在寻找河蟹,还特别着迷于河边那些石头金字塔。当粗壮的树干被河水冲上岸时,他们激动地尽最大的努力,把树干再度推回水中;当河水顺利地把这些树干带往下游慕尼黑方向时,他们因此而欢呼,雀跃不已。他们喜欢在河边筑水坝,攀爬那一人高的岩石,或是把大颗石头往水里丢,让河水发出扑通的声响。美中不足的是,他们无法在河里游泳或戏水,那里的河水实在太冷了。一来是因为今年夏天的气温偏低;二来是山区的河水都比较寒冷,和慕尼黑市区的河流水温无法相比。今天白天让孩子们最兴奋的是一条小蛇,它是我们在河水冲刷的石块间发现的。

我们在接近伦格里斯的路途上感受到浓浓的田园风情。河流的四周都是绿油油的草坪,太阳和树叶玩着光影的游戏,乳牛或吃草或百无聊赖地从背后愣愣地望着我们,小教堂的钟声响起,某处还飘来新鲜小牛肝酱(Leberkäse)的香味。现在菲力斯落后更多了,他屡次意兴阑珊地用手杖敲打路边的矮树与灌木丛,看来我们需要尽快地做一次较长的休息。昨天我试着让菲力斯想象自己是《小飞侠彼得潘》里的那只鳄鱼,大家都知道,

第四天 阿尔卑斯山以闪电与雷鸣问候我们

巴特特尔茨的石子金字塔

它因为吞下了一个时钟,所以,它总是照着嘀嗒嘀嗒的节奏走路。这个具有幻想色彩的故事确实能鼓励他继续往前行,不过,它的效应也在快速地递减。今天我再度提醒他是那只吞下时钟的鳄鱼,但是这似乎已经对他不管用了!

我们的健行路程经过伦格里斯景色如画的地方。走进一条罕有车子经

从慕尼黑到因河谷地

过的小巷里,无意间还发现了一座我们所见过的最富丽堂皇的花园。我们一再停下脚步观赏并发出赞叹:这位伦格里斯居民如何用他那绮丽的想象、热情的爱意和大量几乎无法估算的时间,把他的小花园建成一个如天堂般的梦幻乐园!信不信?这两个小家伙也被眼前这个繁花似锦的世界所深深地吸引。然而,当孩子们看见登山缆车的车厢时,他们的眼睛才叫真正的闪烁光芒。

由于时间的原因,我们决定不吃正式午餐,而是到超市购买拉德勒调味淡啤酒①、可乐、小圆面包(Semmel)夹香肠、冷饮与甜点。我们费劲地把自己和行李安置在一个四人座、空间狭窄的缆车车厢里,一起享受点心时间。现在不必靠着双脚,就可以朝着棕角峰迎面滑行而去,这实在太棒了!当缆车接近顶峰,可以眺望身后阿尔卑斯山辽阔宽广的山麓地带,右边的天空却突然昏暗起来,刚才明明还有阳光照耀,这会儿却突然出现一堆乌云,一场颇具威胁性的雷雨似乎将以迅雷不及掩耳的速度降临!我们到达峰顶,下了缆车,大雨也在此时倾盆而下。电光在厚厚的乌云里不停地闪动,风云变幻莫测,忽然密布的乌云散开,天又放晴,刚被雨水冲洗的山脊显得新绿而清爽,有几束阳光当空照射,感觉如梦般虚幻。突如其来的倾盆大雨就好像东南亚的热带季风雨误闯欧洲的阿尔卑斯山区一般。强风环绕着缆车站,发出阵阵的呼号声,我们根本不知道该怎么继续往前走。低沉隆隆的雷鸣吸引着我们的注意力,孩子们恐惧地一再朝外远望。虽然棕角峰山庄距离这里仅有四分钟路程,但在这种不可驾驭的自然力作用下,似乎变得遥不可及。

---

① Radler,调味淡啤酒是一种混合啤酒与柠檬汽水的饮料。——译注

第四天 阿尔卑斯山以闪电与雷鸣问候我们

"我要逃离这里!"对健行完全没有兴趣的两个小男生来说,这是一句常挂在他们嘴边的气话。但只要吃了冰激凌,一切的无聊和不快就全都抛诸脑后了

我们第一次领教山区恶劣的天气和它的威力,并留下了深刻的印象。这个经验让我们学到一个重要的教训:山区的天气非常不稳定,随时会发生变化。假设今天我们只提早半小时抵达棕角峰,当时一定会不顾天空密布的乌云,继续前往预定落脚的图青山庄(Tutzinger Hütte)。那么今天这轻松的半日游一定会以失败收场,我们势必得在大岩石块下躲避狂风和雷雨。

我们待在缆车站的餐厅已超过一个小时,一面喝着卡布奇诺咖啡,一面通过景观窗感受着外边大自然力量的凶猛。今天预计在图青山庄过夜的行程因为时间因素(已经下午4点)而取消,我们打算打电话退订住房,然后再预订棕角峰山庄通铺间的四个床位。睡在大通铺上,是怎样独特的体验啊!但是席碧勒很不开心,想到要和其他十几个鼾声如牛的登山健行客同在一起就寝,这对她来说,简直就是一个恐怖的场景。"我无法闭上眼睛睡觉。"她现在已经预感今晚的情形,而我则抱持比较乐观的态度,怎样都无所谓。

幸好我们被安排入住一间铺有原木壁板的八人房,比通铺间小而舒适,

从慕尼黑到因河谷地

有两扇窗户和四张双层木床，床上的被子还有方格图案，看到这一切越发让我感到温馨。老板娘特别安排我们一家人单独使用这个房间。"孩子们会比较舒适，"她很清楚，"许多客人遇到鬼天气就不肯大驾光临了。"

终于到了傍晚，情况其实就跟我们开始所想象的那样：孩子们躺在床上听音乐，席碧勒和我有真正的空闲阅读随身携带的书籍。留在房间里休息的我们也会朝窗外远望，我们发现天边有一弯大彩虹横跨亚亨山谷（Jachental），如此壮观的自然景象实在令人惊叹不已。

这趟健行之旅唯一的问题在于我右脚的"阿喀琉斯之踵"，它在发炎，老是引发剧痛。我在伦格里斯买了一盒凝固型高脂酸乳（Quark），席碧勒帮我涂抹在受伤的脚跟肌腱上，并贴上一块防止发炎的敷布。

由于我们需要恢复体力，在高山的第一次用餐就胃口大开。阿尔卑斯山协会的会员只要出示证件，就能以比较经济实惠的价格（大多仅要6—7欧元）点购所谓的"山友餐"，这种套餐分量够大，可以吃得饱足。今天我打算庆祝自己第一次在高山上过夜，因此，也入境随俗地点了一份"山友餐"。我满怀期待地等着地道的高山料理上桌，没想到老板端来的竟是一大盘淋上西红柿酱的意大利面，这让我有些吃惊。后来我就没有点所谓的"山友饮料"（多半是调入甜果汁的气泡矿泉水，要价1.5—2欧元），而点的是我自己比较喜欢，也对我的健康较有益的淡啤酒（Weißbier）。

天色渐暗，雨势暂歇，我和菲力斯往距离山庄只有几米高的峰顶十字纪念碑走去。狂风虽然怒吼着，海拔1555米高处的景色真是十分壮丽：浓雾从谷底悄悄升起，黄昏的阳光一再撕裂云层，自缺口泻下；插在棕角峰山庄前面的巴伐利亚的蓝白旗帜在风中飘扬。旧日的缆车铁道已长期停止

第四天 阿尔卑斯山以闪电与雷鸣问候我们

营运,被弃留在高山中,此时的我们也仿佛与世隔绝。不过,这并未使我们感到任何的不快,它反而让我们趁机远离原本习惯的生活方式,好好地亲近大自然。

我们在房间里和孩子们玩纸牌。这两个小家伙竟然为了谁洗牌这个问题而吵架,我气极了,便索性把他们赶到另一张桌子。有人会相信吗?他们对于白天健行的劳累毫无反应,还有余力和自己的兄弟为这种芝麻小事(对于我们大人而言)争吵。席碧勒努力让我们三人激烈的情绪尽快平静。接着我们继续玩了一会儿才熄灯就寝。菲力斯显得特别兴奋,这是他第一次在高山过夜。当我们带他到他的床铺躺下时,他还高兴地笑了起来。我们也很放松,今天算是自健行开始以来最美妙的一天。真的令人难以置信,这条梦幻健行路线激发了我们的热情,早已掩盖了它所带来的辛苦和劳顿。

● 巴特特尔茨

巴特特尔茨在天气晴朗时真是个梦幻宝地。特别是在行人徒步区,许多房屋的外墙都画上了精美的壁画。那里还有传统风格的商店和餐馆、水声淙淙的喷泉,街道两旁有许多长凳供行人歇脚。高层的楼房窗台上还摆着花架,盛开的花朵色彩鲜艳亮丽,幸福的氛围着实令人心情愉快。整个小镇就像一本画册,宁静地散发着传统文化的魅力。巴特特尔茨就坐落在阿尔卑斯山的山脚下,打算走慕尼黑—威尼斯健行路线的朋友们,在行程尚未进入高山路段之前,不妨在此度过精彩的一天。

从慕尼黑到因河谷地

第五天
自然森林保护区里的阿尔卑斯野山羊

» 棕角峰山庄—亚亨奥（Jachenau），23 公里
» 预定健行时间：6 小时 30 分钟；实际使用时间：8 小时 45 分钟

昨天由于天气的原因，我们完成的路程比原先的计划要少很多，我们今天得快马加鞭地赶路。摆在我们面前的路程真的蛮长的，预计需要走六七个小时。本来今天从图青山庄下至亚亨奥的路线是我们计划中"养精蓄锐"的路段，现在还必须补上从棕角峰山庄至图青山庄这三个半小时的路程。我们在 9 点 10 分（到目前为止绝对是破纪录的）就出发了，这一刻让我们很开心。

昨天的暴风雨让今天的空气变得特别清新，阳光普照，往远处眺望时，能见度很高，阿尔卑斯山的景致实在动人心魄。今天从我们的出发地点——棕角峰山庄——都可以看到慕尼黑了，甚至连圣母教堂的尖塔也隐约可辨，在薄薄的晨雾中瞭望天空，还可以观察到许多飞机在慕尼黑机场起降，这些景象都十分引人入胜。菲力斯不止一次停下脚步，俯瞰阿尔卑斯山麓绮丽的风光。有一次他对我说："啊呀！爹地，这里真美！"这句话直入我的心坎。虽然哥哥鲁卡斯没有表示什么，不过看得出他也很喜欢阿

第五天 自然森林保护区里的阿尔卑斯野山羊

尔卑斯山的景色。

在健行的旅途中,有时我会很迟疑,不知道带着孩子一起健行是否合宜。当然,我们已经把每天的路程缩短,以符合我们自以为合宜的体能状态。但是,我们还是无法精确地知道,这样的行程设计是否会对孩子造成过大的负担。10岁的鲁卡斯体能状态适中,甚至胜过我们,他多半可以毫不费力地走在前面;至于菲力斯的状况,则让我们伤透脑筋。还有,这两个小孩每天傍晚都要拿出背包里的足球踢一踢,我们原本担心,健行之余还要踢足球,会让他们太过劳累,后来我们发现这样的担忧是多余的,事实并非如此。

几天后我们察觉到,孩子们其实比以前更喜欢参与全家人的共同活动。有一位朋友曾把我们这次的家庭长途健行嘲讽为"一个家庭自我探索的旅程"或"家庭治疗"(Familientherapie)。没错!一个玩世不恭的人所说的话,或许言语中隐秘着远比他自己所能想象的更多的真相。

站在棕角峰山庄前,我们才明白了这次健行之旅的意义。我们身后的背景是卡文德山脉及部分的阿尔卑斯山脉

孩子们愿意参与家人共同的活动，或许正是因为可以拥有足够的时间彼此关心、互动。

早晨9点钟的棕角峰显得格外的舒适宁静。在整整一个小时内，只有我们一家人走在山路上。沿路的状况再次比先前所期待的难走得多。我们先登上拉辰头峰（Latschenkopf，海拔1712米），接着步行在山脊上，再走一段比较陡斜的下坡路抵达图青山庄（海拔1327米）。席碧勒今天几乎没有感到肌肉酸痛，这是从慕尼黑出发以来从未有过的经验，然而，她却在途中滑倒了。幸好臀部先着地，她精准地坐在满是积水的石头坑洼处，现在只能穿着湿漉漉的裤子气呼呼地继续往前走。之后孩子们调侃说，之前好像没有那个坑洼喔……难道是妈咪"坐"出来的？

"快看！那是阿尔卑斯野山羊（Steinbock）。"鲁卡斯忽然叫了起来。我太专注于走路，没有注意到那一小群漂亮的山羊，几乎错过如此温馨美好的景象。这群阿尔卑斯野山羊就在距离我们不到30米的陡坡上，其漂亮高翘的弯角令人印象深刻。它们会一起走到水草丰美的牧场，寂静无声地埋头嚼着青草，还不时地打量着四

令人激动的阿尔卑斯野山羊

第五天　自然森林保护区里的阿尔卑斯野山羊

周,好像跟我们一样也在欣赏这里的自然环境。我们尽量不去打扰它们,两个小家伙虽然朝它们走去,但仍保持一定距离。我们两个大人驻足了一会儿,认真地看着,把这样的场景深深地印在脑海里。能够近距离地观察自然森林保护区内的阿尔卑斯野山羊群,对于我们这四个都市人来说,真是终生难忘的自然体验。我们再度迈步向前,因为旅途的一切都是值得的。

经过这段欢乐时光之后,现在问题来了。我们突然发觉,在一段预计只需两个半至三个小时就能走完的路程,我们居然耗掉了四个小时。哎呀,如果我们不能好好地按计划走完当天的路,那么如何才能完成整个健行计划,成功地抵达威尼斯呢?或者只能中途放弃?事实上,有一些路段因为距离太长,走完需要九个小时,而且中途没有住宿的地方,必须在一天内走完,无法再切割成更短的路段,这些挑战让我们觉得很为难。

图青山庄坐落于一条小溪流旁,木头制作的大露台带着粗犷的乡村气息,本身在视觉上就很梦幻奇特。它位于贝内迪克滕万德山(Benediktenwand)的背面,朝向阳面,日照充足,周围绿树环绕,俯瞰谷底时景观绝佳。

我们肚子吃得饱饱的,才刚下行100米,又得再度爬坡,这令人觉得很不舒服。爬到海拔1569米的高处虽然费力,那里却有着壮丽景观作为辛苦的报偿。图青山庄离我们越来越远,也变得越来越小,当我们终于抵达峰顶时,紧接着又要往下走向海拔1324米的玻璃墙隘口(Glaswandscharte)。这段下坡路最难走,路面已严重磨损,相当滑溜,需要注意力高度集中才能安全通过。多棱角的石块及四处蔓延突起的植物须根会令你在一不留神时就绊跌,非常危险。下雨时,这一路段更加难走。今天我们在路上还看

从慕尼黑到因河谷地

见有些石块留有新鲜的血迹。很显然，那应该是在不久前，一位走在我们前面的健行者受伤时留下的。

接下来是数小时的行进。走在森林步道，穿过令人叹为观止的山中天地，我随处都能找到优美的视角拍照并录像，或者纯粹欣赏周遭的景观。不过，我们实在没有多少时间做这些事，必须继续向前，即使身体已经慢慢地感到吃力。我们在路途中还啃起干果杂粮棒，希望能为疲劳无力的肌肉注入更多能量。

我们经过牧场，看见乳牛正安然从容地吃着青草；接着一直在阴凉的树林里步行前进。就在大家筋疲力尽，每一个我特意造作、希望鼓舞大家的小玩笑都完全不再起作用时，亚亨奥这个小巧的聚落终于映入眼帘。离开图青山庄之后四个小时，晚间 7 点 15，我们终于走在亚亨奥的街道上。我不想再继续走下去了，因为大腿、"阿喀琉斯之踵"、双脚都疼得厉害。今天的路程结束了吗？想都别想！还得再走整整 500 米，才能到达我们通过家乡英戈尔施塔特市的"阿尔卑斯山协会环湖分会"（DAV-Sektion Ringsee）预订的山庄（由德国阿尔卑斯山协会经营），但至少我们可以先在驿站旅馆（Gasthof Post）稍事休息，叫个晚餐吃吧。我累惨了，很想放弃已付费的山庄大通铺床位，偷偷地在这儿要两个房间住下算了。我看过价目表，驿站旅馆的房间并不特别贵，不过最后仍被理智胜过了。

后来我们坐进一家露天啤酒馆，脱下鞋子，让饱受折磨的脚趾透透气。鲁卡斯反而从背包里拿出足球，和菲力斯踢了起来。"来嘛，爹地，一起踢啊！"他笑着看看我，这个孩子就用这种略带试探的方式考验父母的韧性。刚刚才结束一天的健行，从早上 9:15 到傍晚 7:15，虽然中途曾停下来

第五天 自然森林保护区里的阿尔卑斯野山羊

休息,不过也够累人了。"不了,"我惊恐地回答,"我今天绝不踢球!"

最后,我们又花了15分钟在暮色中走到今天预订下榻的山庄。我们告诉自己,原计划这一段路是为缓和疲劳所安排的,但"阿喀琉斯之踵"炎症所引发的疼痛,已经从足部往上蔓延到小腿肚,我还是得一拐一拐地走完今天这最后的路程。另外,我背部某处和大腿也疼痛不堪,就像针扎似的。席碧勒今天的状况跟第一天健行时一样,全身肌肉酸痛不已。踢足球显然把菲力斯的体力彻底耗尽,他现在就像蜗牛爬行般缓慢地向前移动。我现在可高兴了。不过还真不好意思,我8岁的儿子有时看起来比我还有韧性呢!

通过环湖分会预订的山庄真的犹如梦幻般的仙境,它就位于森林中的一处坡地。一条小溪潺潺流过,恰好将房子坐落的那处坡地与旁边的滑雪坡分隔开来。寝室的天花板比较低矮,室内被分隔为若干部分,令人想起童话《白雪公主》里小矮人的睡房,而公共起居室根本活脱脱就是一间老式风格的乡村饮食店。我们还与山庄的管理员克劳斯先生及其家人闲聊了一阵,甚至小玩一场纸牌。最后困意令我实在撑不下去了,进房倒在床上,一合眼就进入梦乡了。

从慕尼黑到因河谷地

第六天
翩翩飞舞的伴随者

» 亚亨奥—皇帝山庄（Kaiserhütte），21 公里
» 预定健行时间：3 小时 30 分钟；实际使用时间：3 小时 50 分钟

　　我们的行李愈来愈成为健行的阻碍。我的背包约有 17 公斤重，席碧勒的 13 公斤，鲁卡斯的 4 公斤以及菲力斯的 3.5 公斤。无论如何，我的"阿喀琉斯之踵"发炎，除了因为长时间负重身体不习惯之外，背包可观的重量或许也是原因之一。我们真蠢，竟然每天把不是急需甚至完全不需要的东西背来背去。说实话只携带所需物品的一半足矣。看来，这个古老的登山智慧在这里再度获得证实。因此，我们取出用不着的 T 恤、备用电池、充电器、铝膜坐垫、备用的套头毛衣、裤子、电动刮胡刀等 3 公斤重的多余物品打包好，委托这个山庄的管理员帮忙寄回家。

　　我们或许需要更多的时间来让身体恢复体力和元气，当新的一天开始时，我们又带着喜悦的心情，好奇地期待今天可能会有什么新鲜事发生。所以，我们并没有在亚亨奥多作停留，还是跟前几天一样，继续沿着预定的健行路线前进。今天会在里斯山谷（Rißtal）越过边界，进入奥地利。我们突然发现，一路下来已经走了一段颇远的路程。

第六天 翩翩飞舞的伴随者

我们明显地感觉到负重轻了许多。虽然，今天的路况有时出乎意料地让我们感到费力，但因路标的标示相当清楚，让我们的情绪放松不少。走在林中小径，部分陡斜的路要向上攀爬，到达里斯溪山口（Rißsattel）时，我们一共爬了433米。走了整整一个小时，沿途的景致开始变美，阳光渐渐地驱散雾气，森林出现了缺口，树木逐渐稀疏。我们沿途的路径经过一片景色宜人的林中空地：溪水潺潺流动，几处山谷还有小瀑布点缀着，如诗如画。我知道，孩子们喜欢在溪边驻足玩耍，没想到他们这次竟然只是哼着歌儿，兴高采烈地继续往前迈进，这真是谢天谢地！

孩子们在这段路上唱了许多歌儿，我也跟着唱。最后这路上只剩下我们四个人。

往下走向伦格里斯的前里斯（Vorderriß）这个地方，山路的坡度相当陡峭，然而，它却是我们健行以来走过的最美的路段，连孩子们都深受吸引而停下脚步，自上方俯瞰里斯河谷。从这个角度观赏，景致美妙迷人，作为背景的卡文德山脉（Karwendel）雄伟壮阔，仿佛触手可及。呈土耳其蓝的里斯河蜿蜒流淌，几乎横跨整个山谷。

或许是为了让这条陡峭向下延伸的山径风景

菲力斯四处寻找有趣的东西，即使是一片树叶，只要它够大，就可撑起当雨伞

从慕尼黑到因河谷地

临时衣架:我们将湿衣服挂在鹿角上晾干

更有吸引力,忽然有数百只蝴蝶围绕着我们翩翩飞舞,它们一点儿也不怕生地落在我们的背包、手臂和头顶上,前后长达10分钟之久,我们走下坡路段时,也任由我们将它们带往山下,然后振翅飞走。此情此景,孩子们的情绪当然亢奋到极点,席碧勒和我也好像长了翅膀,轻松愉快地继续往前走。当我们看见驿站旅馆及它绿树成荫的露天啤酒馆在向我们招手时,我们的行进就更加顺畅。听说"童话国王"路德维希二世①曾在此用膳,此刻我也想来杯冰凉的淡啤酒。

在前里斯,我们又有一个基本的问题需要解决:我们全部的路程是否要坚持用双脚走完,或者可以舍去一些比较不具吸引力的路段?其实这条梦幻健行路线的创始者格拉斯勒在处理这类问题时也是很务实的,他曾在

---

① Ludwig II,1864—1886年在位的巴伐利亚国王。他在世时曾建造如童话般梦幻的新天鹅堡,因而被誉为"童话国王"。他终生未婚,1886年溺毙于慕尼黑郊区的施塔恩贝格湖(Starnberger See)。——译注

第六天　翩翩飞舞的伴随者

这条路线上迷路，后来向出租车求助。由于今天通往奥地利蒂罗尔地区（Tirol）后里斯（Hinterriß）这个村庄的健行路径已被洪水冲毁，而且我们不想走车流量大的马路，因此到皇帝山庄的最后五公里路，我们选择了搭巴士。

皇帝山庄并非典型的山区旅馆，而许多到此一日游的慕尼黑人都去那里用餐。皇帝山庄里没有烘衣机，旅店主人允许我们将湿衣物挂在鹿角上，而这已被制成标本的鹿头，则显眼地挂在用餐室里噼啪作响的壁炉上方。

席碧勒为了减缓我的"阿喀琉斯之踵"的疼痛，还帮我涂上新买的凝固型高脂酸乳，我则趴在床上阅读。鲁卡斯坐在一条木头长凳上晒太阳，他坚决不写日记，而是每天都在创作与他的大象玩具有关的幻想故事。多可惜呀，即使他只是用一些关键词记录他对于这趟健行之旅的想法，往后也会有独特的纪念价值。

我们今天行走的路段是慕尼黑—威尼斯梦幻路线中的三大指标性路段之一。我们只要往卡文德山脉的方向望去就会明白，格拉斯勒起初规划

● **卡文德山**

卡文德山位于伊萨河、阿亨湖（Achensee）及因河之间。直到今天它仍是阿尔卑斯山区无人居住的最大区域之一。卡文德山区人烟稀少的原因是，部分的山谷过于狭长，不是没有开发就是主要干道过窄，车辆大部分都无法通行。

从慕尼黑到因河谷地

这个路段时,把卡文德山脉的最高峰比尔克冰斗峰[①]纳入健行路线,是有难度的,需要高体能支撑才能完成。上坡路段如果延伸到新的下雪地带(Neuschneefelder),其实从远处就可以辨识,这时即使两个人一组共同前行,也是一项艰苦的挑战。然而,以我们现在的行进速度,又带着两个孩子,如果按格拉斯勒安排的八个小时行进,这实在难以完成。

[①] Birkkarspitze,海拔2749米,夏天7—8月也可能下雪,新下的雪较软,但足以覆盖路上的裂缝,行人走路须小心谨慎。——译注

第七天
孩子忽然不见了

» 皇帝山庄—猎鹰山庄（Falkenhütte），16 公里
» 预定健行时间：4 小时 30 分钟；实际使用时间：8 小时

  当然，今天我们也是决心要早起的。虽然没有如愿，但我们一致认为，是因为闹钟失灵了。这个理由真是冠冕堂皇。这几天我们总是在 8 点自然醒来，9 点半才出发。如果不是出发时间已经太晚了，对于能在一个半小时出门这件事，我们还真有点沾沾自喜呢！

  沿途的景色真是动人心魄！右手边的里斯河湍急汹涌地往叙尔文石水库（Sylvensteinspeicher）的方向流去，后方则耸立着海拔 1858 米的前头峰（Vorderskopf）。左手边有茂密的森林、小溪及小瀑布，我们行进的路径一直在其间穿梭，往高处延伸，爬坡不消多久，我们便在正前方看到卡文德山脉四条山链中的第一条。

  现在我们准备往卡文德山脉地区出发了！我们充满干劲地来到大街上，可惜第一班开往后里斯——人口稀少的卡文德山脉地区唯一的常态型聚落——的巴士还要将近一小时才发车。如果我们等到 10 点半才搭上巴士，我们心里会感到惭愧。而且，皇帝山庄的老板娘曾告诉我们，只要半小

从慕尼黑到因河谷地

就可以走到后里斯,因此我们决定步行。我们马不停蹄地奋力往前走,终于在整整一个小时后,抵达后里斯。就在我们经过后里斯的地区告示牌时,那辆我们原本要搭乘的巴士也拐了进来。其实我们应该搭那班巴士,省下这段路程所消耗的体力,特别是沿途的景色及后里斯大街的风情都不如预想的那么迷人,席碧勒还在路上丢了她的手表。我知道,接下来我们得来段快跑,尽快冲进游客信息中心,因为我担心,整车满载的旅客下车后,像潮水般涌入,会把这里堵得水泄不通。

游客信息中心的一名女服务员虽然来自巴伐利亚北部的弗兰肯地区,却很了解卡文德山区。"带着孩子登越比尔克冰斗峰,你们就忘了这件事吧!有上百位山地自行车骑士骑车前往沙尔尼茨(Scharnitz),至于你们呢,离开游客中心后,就左转进入卡文德山区。"她如此果断地为我们做决定,让我们无从反驳她的意见。接着,她还告知:"我会帮你们在猎鹰山庄预订今晚的房间,明晚在拉姆森隘口山庄(Lamsenjochhütte)的住房也一并帮你们处理,然后你们就可以从拉姆森隘口山庄一路往下走到因河山谷。这段山路沿途的景色可漂亮了!"我们临时(或者说她帮我们)更改了健行路线,终于把比尔克冰斗峰排除在这次的健行计划之外,就在几分钟前,这座卡文德山的最高峰还一直在我脑海里萦绕着,挥之不去呢。

这条穿过约翰内斯山谷(Johannestal)通往猎鹰山庄的路径美则美矣,走起来却很费劲。一开始从后里斯到赫尔曼·冯·巴特[①]纪念碑——大致

[①] Hermann-von-Borth,1845年出生于德国阿尔卑斯山麓地区(离施塔恩贝格湖不远),是19世纪著名的登山家、探险家,以征服卡文德山88座山峰而闻名。1876年他去非洲探险旅行,不幸染病发高烧,于该年年底自杀身亡,年仅31岁。——译注

第七天 孩子忽然不见了

位于这段路程的中间点——就必须登高整整450米，然而沿路的景观却很壮丽。卡文德山高耸的山峰总是一再突显林间的树冠，不知何时我们突然看到下方谷地无与伦比的景致，约翰内斯河在那里冲刷出宽广的河床。我们在左侧陡峭的山径开始下行。

走完将近四个小时艰辛的上坡路段后，伟大的时刻终于来临。我们面前矗立着卡文德山的第一条山链以及一座同样险峻巨大的山头。这期间还发生了一件令人无法忘怀的事：忽然孩子们一溜烟地跑了，不见踪影。小家伙想要将一块路边发现的长条蛇纹石截短，而跑进低矮的树丛里敲打，这会儿既听不见他们的声音，也看不见人影。当席碧勒的呼喊没有得到回应时，她立刻惊慌失措起来。而且，她还幻听到菲力斯的求救声。"不可能吧！"我根本什么都没听到。我试着让她平静下来，暂时到地势比较平缓的地带站着。

这条穿越约翰内斯山谷的步道非常美，但很长，跋涉过程很辛苦

从慕尼黑到因河谷地

过往的登山者。这是猎鹰山庄墙上的一幅精美图画

我们寻思着孩子们各种可能的下落,沿着刚才他们走过的那条小径往上走,然而如果这样走,就会再度绕回主道。于是,我拿着他们两人的背包继续前行,而席碧勒则紧张地往回跑。

我根本就不担心孩子可能走失的问题,相反地,我试着提高嗓音呼喊,并在一个岔路口——左手边往猎鹰山庄的方向,右手边则是去沙尔尼茨的卡文德之家(Karwendelhaus)——把我们的香肠面包和几条巧克力棒凑成一顿简单的自助冷盘。然后,我听到一些声响,两个小家伙愉快的闲聊声,还夹杂妈妈的嘟囔声。这两个小男生突然出现在转角处,看到地上摆放着充满诱惑力的小餐点,便猛扑过来。原来他们刚才有点奇怪,无意中选择了通往卡文德之家的方向,而这正是被我们放弃的比尔克冰斗峰的起点。

由于我们现在完全走在上坡路段,刚刚吃下的面包和巧克力很快在胃里变得难以消化。零星的、有旧积雪的地方虽说离我们还有一段距离,但它却与我们位于同一海拔高度。席碧勒脸上淌着汗水,步行逐渐令她感到厌烦。之后她在日记里写道:"从拉迪兹高山牧场(Ladizalm)开始,情况

第七天　孩子忽然不见了

绝对是残酷的，我只能跟在后面急促地喘气。我的小腿肚提出严正的抗议。格哈德穿着'提娃牌'凉鞋，以摆脱'阿喀琉斯之踵'的疼痛所带来的负担。"

菲力斯慢吞吞地在路上磨蹭着，虽是上坡路段，却能步伐均匀、稳定地一路往上走，并没有大呼小叫或悲叹痛哭。鲁卡斯也喘得很厉害，他是我们的领头羊，即使他宣称并不喜欢这次健行，但是大部分时间却都能兴高采烈地唱着歌（也只能唱歌，不然我会觉得乏味无聊），在前面行进。这会儿他看到猎鹰山庄的屋顶了，只需再走几百米。于是鲁卡斯欢呼雀跃起来。终于在下午5点半抵达猎鹰山庄，放眼环视四周，这座山庄本身是一栋三层楼的建筑，房屋的每个角落都用钢绳牢牢地固定在地上，即使最强的暴风雨来袭，山庄仍旧屹立不动。海拔2588米高的拉里德勒峰（Laliderer Spitze）险峻的峭壁就耸立在猎鹰山庄后方50米处。现在最后一批健行者从对面仅1902米高的拉迪兹柯普弗峰（Ladizköpfl）回来了。卡文德之家位于左侧远方，那边还高耸着比尔克冰斗峰。我们现在才意识到，今天我们从海拔885米高的皇帝山庄爬到目前的海拔1848米，虽说不到1000米的垂直落差，但对于我们，特别是菲力斯来说，这可是了不起的成绩。

我想，席碧勒可能会高兴得躺在床上，即使我们的六人房并不温馨可爱。然而，结果却令人生气，我们虽已用电话预订床位，但这里不知怎的，并没有登记的记录，而我们也碰巧遗失了订位的证明。"我只能让你们睡大通铺。"山庄的老板娘说，她坐在大门进来右手边的小房间里，忙着安顿新的住客。如果可能的话，席碧勒应该不会想要住下来吧。我自己则不觉得有什么不好，甚至还很高兴能有这样的全新体验。我们四人多亏有阿尔卑斯山协会的通行证，这次的住宿费用总共只需付22欧元。

从慕尼黑到因河谷地

坐在舒适的床铺上,两个小男生十分惬意

大约有两百双被汗水湿透的登山靴,整齐地排放在楼梯前的四层长形鞋架上。为何它们没有散发出难闻气味,对我来说这是个谜。我们踩着已受严重磨损、嘎吱嘎吱作响的木梯上楼,寝室的舒适程度出乎我们的意料。倾斜的天花板是木质的,通铺以隔板分成四人一组,睡觉时人们可以像在家里一般舒适地将头朝向木板墙的一边。整个大寝室可容纳约25人,它以木板高墙隔成两个大区。这样的住宿质量实在没什么好抱怨的了。我们发现三张紧靠在一起的床垫实际上可以躺得下四个人,还蛮好玩的。孩子们觉得睡通铺很棒,席碧勒后来也颇能适应。

天色逐渐转暗,在经过紧凑而充实的一天之后,我们再一次走到山庄前,欣赏大自然最后令人动容的演出。太阳潜入山峰背后,把天空染得一片通红,而山谷中早已夜幕低垂。户外气温骤降,我拉紧夹克不让寒气灌入。外面虽然很冷,我们还是舍不得离开日暮时分那种令人感动的氛围。再观望一下吧,我们看着山峰的轮廓是如何消失并隐身于黑暗之中的。猎鹰山庄的灯光亮起。当黑夜降临时,在这个山中的世界里,触目皆是漆黑

第七天　孩子忽然不见了

一片，而山庄是唯一的光亮。

不是只有我的肚子饿得咕咕叫。今天走到这山庄，刚完成一段艰辛的跋涉，犒劳我们的就是从猎鹰山庄厨房里端出来的餐食：维也纳炸猪排（Wiener Schnitzel），超大片，吃起来特别可口。此外，还有其他典型的山庄菜肴，例如，含肥猪肉的肉丸汤、面团丸子或香肠沙拉，尝起来味道好极了。再来两块巧克力当甜点，同时和孩子们厮杀几场专业的"毛毛"（Mau-Mau）纸牌游戏①，两个大人还点了啤酒喝着。孩子们入睡之后，席碧勒和我也上床就寝。我们第一次戴着头灯走进通铺间，而且还要记得使用耳塞。

以上就是我们开始健行以来，最艰辛劳顿的一天。八个小时里有七个小时在步行，这对我来说非常值得；然而，以徒步行进的方式走到后里斯，则非明智之举。今天实在太累了，躺在床上的我，瞬间便进入梦乡。

---

① "毛毛"是一种纸牌游戏，因为获胜者要大叫"毛毛！"以告知其他的牌友，因此，在德国、奥地利及巴西，人们便把这种游戏称为"毛毛"。——译注

从慕尼黑到因河谷地

第八天
恶劣天候与痛楚

» 猎鹰山庄—小山村恩格（Eng），6公里
» 预定健行时间：2小时30分钟；实际使用时间：2小时45分钟

　　昨天还阳光普照，也是理想的健行天气，而今天则是灰蒙蒙的。山区笼罩着厚厚的云层，还下着小雨。才步行10分钟，我就警觉到天气要转坏，可能走不了了。终于自食恶果，谁叫我们都没安排休息日呢？右脚"阿喀琉斯之踵"仍在发炎，每跨出一步都异常疼痛，我只好迅速换上那双"提娃牌"凉鞋，一瘸一拐地走着，尽管这双鞋可能也撑不了多久。一会儿，雨果真下大了，我再度穿回登山鞋。情况非常明显，今天不可能到达拉姆森隘口山庄了，必须中途在小山村恩格过夜。这不到三个小时的路程，就遭遇了惨无人道的折磨，但最终我们还是抵达了。

　　恩格是一个古老的山村，为了全力发展旅游业，这里的设施已经装修完成。山村里的服务亲切而温馨，在旅游市场上还蛮热门的。一家专门做旅游生意的商店里售卖着当地的土产，包括自家生产的干酪产品，另外还有各种大小尺寸的牛铃、印有恩格风景和字样的T恤及上百种人们根本就不需要的山区纪念品；当地一家新式时髦的餐厅有两个供餐部门，分别提供自助式

与前些天截然不同的景象：卡文德山展示出它荒凉的一面，照片中间偏右是猎鹰山庄，左侧延伸着通往恩格的山路

和一般的餐饮服务。为了避免预订旅馆出意外，我们便就近在离恩格大街不远的大枫树林地（Großer Ahornboden）找好了价格划算的住处。这里有一片可爱的小木屋群，大部分是以前的牛棚马厩改建的，富有独特的乡村风情，还禁止车辆通行。因为一切都周到地为游客设想，在强力的旅游营销下，恩格这个小山村虽也别具特色，却让人感觉有些滑稽，几近不真实。

因为天候恶劣，不适合健行，今天的状况让我们很受挫折。傍晚当我们准备休息时，突然传来一阵民歌声：有两位女子坐在一间小屋前，边弹边唱。我们经过打听才知道她们并非职业艺人，而是当地居民，她们只是喜欢民乐而已。我们当然乐意聆听她们的演唱，几首单纯而美妙的歌曲，让我们不甚愉快的这一天，在充满慰藉的气氛中结束。

从慕尼黑到因河谷地

第九天

了不得的卡文德山脉

- » 恩格—施瓦兹（Schwaz），路程 17 公里
- » 施瓦兹—瓦滕斯（Wattens），搭火车抵达
- » 预定健行时间：2 小时 30 分钟；实际使用时间：3 小时；再花 4 小时，从隘口山庄步行到施瓦兹

上午我们按兵不动，半天的休息让人很舒服。过后我还是穿着凉鞋上路。我们从恩格出发，走在一条穿越森林的小径上，越过一片仍有晨露润泽的草地，清新爽地沿路往上走去，到达宾莎尔姆（Binsalm）度假城堡。不到一小时的路程，因为爬坡而显得有些吃力，但我们终于完成了落差 300 米的上坡路段，情绪也跟着沸腾起来。这次全家的健行之旅终于又有了顺利的进展。

卡文德山脉如同舞台布景一般，如此壮丽的景色也让孩子们深受美感的震撼。绵延不绝的高山牧场、柔软的青草地是这幅风景画的近景，后方则有一座灰白色的、险峻的卡文德山峰耸立。我们沿途还走过一个有蝴蝶飞舞的小池塘。

继续上行，在快要抵达拉姆森隘口山庄一处狭窄的山脊上，我们稍事

第九天　了不得的卡文德山脉

有如此壮丽的景观作为背景，很适合拍张全家福

休息。这是一定要的。并非只出于身体状态的考虑，我们还想坐下来好好欣赏这里的景色。美景当前，谁能不陶醉呢？往下眺望恩格村，我们惊讶于自己的身手竟能如此矫健敏捷，从那个小村庄一路爬坡到这里，总共挑战了750米的海拔落差。猎鹰山庄现在在我们的左侧，往右边眺望，可以看到一座小山坡，拉姆森隘口山庄挺立其上，它的木质平台此刻完全沐浴在明亮的阳光下。这个如家一般温馨舒适的山庄位于海拔1953米的高处，被一群光秃秃的岩山环绕。

要抵达拉姆森隘口山庄，在里面好好享用一杯冷饮，还得从这个山脊步行足足半个小时呢。走在狭窄的步道上，往左侧俯瞰，庄严雄伟的山谷景致再次向我们展开。从葛拉麦高山牧场（Gramaialm）为起点的"鹫鹰步道"[①]呈Z字形一路往拉姆森隘口山庄方向蜿蜒而上，是一段令人汗流浃背的爬坡路段。我们还可以从该山庄健行到拉姆森峰（Lamsenspitze），挑战

[①] Adlerweg，奥地利蒂罗尔省的主要健行步道。它的主线与支线遍布蒂罗尔省各地，总长逾1480公里。该步道以鹫鹰的黑色轮廓剪影为标志，在路标和健行地图上都会提及它。——译注

从慕尼黑到因河谷地

500米的海拔落差。或许下次吧，我们在隘口山庄短暂休息，吃了一些面包和点心充饥，很快又动身，顺着山径，往下方的因河山谷走去。

最近这几天的景色简直美不胜收，实在不想离开卡文德山脉。我们怀着轻松的心情往下步行，再度走向那个"文明世界"。整整四个小时的下坡路，对于双脚和膝盖都是一大挑战。席碧勒突然觉得脚趾刺痛得厉害，也把登山鞋脱下，改穿凉鞋；菲力斯的脚第一次磨出水泡；至于我的"阿喀琉斯之踵"，嗯……就别再提了。即使有这些不愉快，对于孩子们来说，一路都相当引人入胜，不过，却完全不是因为阿尔卑斯的山色风光，而是许多矗立在路旁，为纪念山难或雷击死难者的纪念碑。

忽然间，因河山谷的景致进入我们的视野。真是深受感动。那些被我们一一战胜的来时路，现在又历历在目地浮现眼前：首先沿着伊萨河，翻越棕角峰，接着又穿越卡文德山脉。现在可以清楚地看到因河对岸的图克斯阿尔卑斯山（Tuxer Alpen）了。它是我们下一个准备挑战的山群。

不过，这在今年已是个梦想，来年再追寻吧！我们并

前半段健行计划的中断，让我们有些感伤，即便如此，仍然微笑

第九天　了不得的卡文德山脉

不会按原先的计划，一路健行到意大利北部的普斯特山谷，而是在今天的目的地瓦滕斯就中断行程，回家休息。从施瓦兹到瓦滕斯这段路程，我们放弃步行，改搭火车。然而，光是施瓦兹火车站前的那条柏油路，就足以给我的"阿喀琉斯之踵"致命一击。我现在即使穿着凉鞋也是跛着脚走路，席碧勒担心我的脚跟肌腱可能会撕裂，因此拒绝再继续走下去。尤其当山庄老板娘以戏剧性的言语生动地描述她的先生去年也发生了同样的事情后，我已经身心俱疲。我还很担心，儿子们在经过这些辛苦的长途跋涉后，明年是否还愿意继续跟我们一起挑战接下来的路线。黄昏时分，我们四个人一起坐在草坪上，俯瞰因河谷地，那里的一盏盏灯火正渐渐地点亮。突然间，鲁卡斯与菲力斯以双臂环抱着我，用发亮的眼神看着他们伤心欲绝的爹地，说："明年，我们继续走！"

● 因河谷地

　　因河谷地是一条由冰河长期侵蚀而形成的山谷。冰川将谷地磨蚀成 U 形，因此，谷地两岸相当陡峭。因河发源于瑞士的格劳宾登州（Kanton Graubünden），流经广大的阿尔卑斯山区及蒂罗尔省首府因斯布鲁克（Innsbruck），又在菲施巴赫（Fischbach）处从阿尔卑斯山区流出，最后在德国巴伐利亚地区注入多瑙河。因河谷地的地理位置介于卡文德山和图克斯阿尔卑斯山之间。

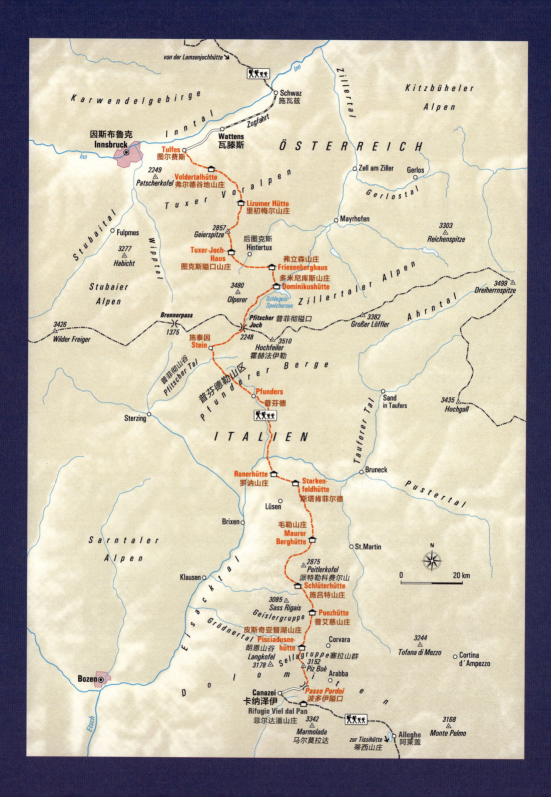

从因河谷地到多洛米蒂山脉

从因河谷地到多洛米蒂山脉

第十天
阿尔卑斯山主脉

> » 图尔费斯（Tulfes）—弗尔德谷地山庄（Voldertalhütte），7 公里
> » 预定健行时间与实际使用时间相同：3 小时

我现在或许应该跟小男孩一样，因为开心、兴奋而活蹦乱跳，我不是指出门健行，而是更激烈的奔跑。

一年的时光匆匆飞逝，现在我们这一家终于又启程了。我们已经把慕尼黑—威尼斯远程健行计划的第二阶段行程安排好了。接下来的两周，我们打算从因河谷地的图尔费斯走到意大利阿尔卑斯山区的波多伊隘口（Passo Pordoi），翌年再把剩余的路程走完，抵达终点威尼斯。事实上，我也没办法快跑。说得明白一点，这次不只"阿喀琉斯之踵"准备好了要为我带来所有麻烦，就在出发的五周之前，我右脚踝的韧带还因强力撞击而撕裂，当时我便有这样的念头：难道跨越阿尔卑斯山的梦想就这样结束了吗？去年的健行不就因此而中断吗？也许吧。不过即使有伤在身，不去试一试，我是不会甘心的，即使必须承担一些风险。这一年来，我都一直在期待着这次长途健行，无论如何我都要尝试一下，并不想因为突如其来的脚踝韧带受伤而放弃。为什么会有这种惨事发生呢？我和儿子鲁卡斯（现

第十天 阿尔卑斯山主脉

菲力斯对于再次出门健行兴奋不已

已 11 岁）一起踢足球，当时只是由于这个小男孩一个不很激烈的犯规动作，我便把自己的脚踝韧带弄断了。这种意外对于我这位运动版编辑而言，实在是够难堪的。当时伤势看起来很糟糕，鲁卡斯因自责而哭得很伤心，我反而还要安慰他。在这件倒霉的事情发生整整一个小时后，负责为我诊疗的那位身材粗壮的骨科医生便表示，我们的健行计划并不会受到任何影响，他说："你只要用支撑绷带把右脚踝包住就行了。"我看着这青紫肿胀的脚踝，心里充满狐疑。

感谢绷带的支撑和固定，我的脚踝韧带复原得很好。我在脚踝左右两侧置入了质量良好的塑料夹板，再用绷带包住，脚底部分也是先垫上一层塑料膜，再用绷带包覆，总之，脚丫子就像穿了一件女士的紧身衣一样，这样一来脚踝就固定住了。我现在实在无法想象，在走完一天的健行路程后，这混合着脚汗、塑料、健行短袜及止痛药膏的气味闻起来会是怎样的。无所谓啊，重点是可以准时出发。

从因河谷地到多洛米蒂山脉

我们从因河谷地启程，这里就是一年前行程中断的地方，我们刻意选择一条不甚出名的非主流路线：从图尔费斯到弗尔德谷地山庄。葛隆格策山（Glungezer）座椅式登山缆车的谷底车站（Talstation）位于图尔费斯，人们只要购买缆车票，就可以免费把轿车或露营车停放在车站的停车场两个星期。从这个缆车站出发，步行约三个小时，就可以抵达弗尔德谷地山庄。在健行计划停顿一年之后，我觉得这里应该是个理想的起点。

首先，我们沿着一条柏油小路径直向前，一直爬坡。一群山羊从左侧快速地向我们跑来，似乎希望可以得到孩子们的喂食，右边路旁的乳牛则静静地低头吃着青草。走不到一刻钟，我们又再度置身于美妙的山中世界，令人身心舒畅。在此令我们感觉到手表嘀嗒嘀嗒的节奏都变得比平常慢。我尝试着闲适自得地漫步，让自己平静，以彻底摆脱平时工作日的紧张和焦躁。我刻意注视着路旁的花朵，惊叹卡文德山脉明媚的风光，并满怀期待地远眺前方。

接下来这几天，我们会走入阿尔卑斯山主脉地带，这条主脉绵延1760公里，从意大利西北方的利古里亚海（Ligurisches Meer）一直向东延伸至维也纳盆地，对我有着不寻常的吸引力。而孩子们只对眼前的事物感兴趣，他们是活在当下的生命，路上的每一朵蘑菇及特别漂亮的蕨类植物都令他们兴高采烈。至于明天会如何，他们根本不关心。弟弟菲力斯每隔几米就会在某个地方发现让他感兴趣的事物。"快来啊！这真不可思议！"他激动地挥手示意。我们赶忙往后退回几步和他一起惊奇地看着一只死老鼠。这类"轰动的事件"我们刚刚也见识过，只是忽略不计，现在这个孩子却要我们赶快过去瞧瞧，让人觉得十分逗趣。

第十天 阿尔卑斯山主脉

刚才鲁卡斯明明还兴高采烈，此刻他却说："如果是度假，我会很高兴的。"我惊讶地反驳他，我们在这里不也像在度假吗？他的眼珠滴溜儿地转动，恼怒地申辩："真正的度假应该是在克罗地亚美丽的海边游泳玩水，和你们一起健行并不是我自愿的。"我指正他，因为两天前他很真诚地告诉我："我实在不情愿承认，不过，健行确实让我觉得有些开心。"我重复了他说过的原话。最后他说："好了好了。"以此来承认自己的无理取闹。一比零，这次是爹地胜利，我（暗自）高兴地笑了。

循着小径，我们来到温德格旅店（Gasthof Windegg）旁边的一个干净、雅致、木质建筑的小教堂。它就位于一个坡度和缓的小山坡上，我们的视野可以毫无阻碍地俯瞰因河谷地。我们在教堂里点燃一支蜡烛，期望未来两周的高山健行能一切顺利，趋吉避凶。祈求过后，我们相信真的会受到保佑。

接下来的爬坡必须克服 440 米的海拔落差，这让已经一年没有健行的我们，真的非常吃力。我必须有所保留，不然受伤的脚踝会开始肿胀，而且我不想再因为脚伤而让席碧勒惊慌失措。我们应该沿途适度休息，施蒂夫特高山牧场（Stiftl-Alm）这时出现得正是时候，它距离因河谷地只有两个半小时路程。在这个遗世独立的酪农庄园里，似乎时间是静止的。农舍的梁柱挂着一块斑驳的招牌，上头有"新鲜牛乳"的字样，一杯只要价 0.7 欧元。我们跑进去买刚挤出的鲜奶，菲力斯喝得很高兴，双眼发亮地对我们说："这是我喝过的最棒的牛奶！"鲁卡斯也很兴奋，像挖到宝藏似的，后来还续杯。我自己觉得比鲜奶更可口的是牧场自制的杏子蛋糕。这松软的蛋糕，里头包着黄灿灿的果子，上面还撒上一层薄薄的糖霜。在家时，

从因河谷地到多洛米蒂山脉

我很少上烘焙店买甜点，而在这里，我却完全抵挡不住这种美味的诱惑，还多叫了两份。

离开牧场后不久，隐藏在一片木栅栏背后的小山坡上出现了弗尔德谷地山庄。清澈的山泉从建筑物的左侧往因河谷地的方向顺流而下，餐厅前一个小型的木制露台吸引着我们驻足，管理人员亲切友善地招呼我们，并热情地安排我们住进一间位于二楼的四人房。这房间墙壁与天花板全用原木板材装潢，非常舒适，屋外溪流潺湲。唯一美中不足的是，隔音似乎不太好，依稀可听到从楼下起居室传来的谈话声。

孩子们对山庄的"儿童冒险游戏场"相当着迷，并为此亢奋地奔跑嬉闹。他们有个馊主意：要改造那条沿着碎石铺成的通往森林的步道流动的溪流。"看啊！"他们欢欣鼓舞，眼睛发光，就等着瞧吧：他们蓄起溪水，将它慢慢地引至碎石路面，让路变得泥泞，使路的边缘崩毁，最后变成一个泥沼。幸亏没有人在附近，否则他们极有可能要挨一顿严厉的、奥地利式的狠批。在孩子们哀怜的眼神下，我们很快地将小溪又恢复到它原先的流动路线。方才真是一团混乱，还真够瞧的！现在那条走道再度恢复了它的"单调乏味"。

此时我累极了，但主要不是因为步行，而是前几天准备行程时所承受的压力所致。然而当我们坐在餐厅里，享受一年来的第一顿山庄冷食晚餐（Berghüttenbrotzeit）时，疲劳渐渐消散。这个傍晚并不长，我们很快便爬上双层床，呼呼大睡。就在明天，我们终于即将开始挑战较长的健行路段。

第十一天

美人鱼和烤豌豆

» 弗尔德谷地山庄—里初梅尔山庄（Lizumer Hütte），19公里
» 预定健行时间：5小时；实际使用时间：7小时40分钟

  真是无法相信，早上起床时肌肉疼痛的症状竟然消失了。根据去年的健行经验，今年我们已经准备好了面对可怕的事情，而在体能方面并没有准备得那么充分。要想在长途步行后肌肉不会酸痛，方法很简单：每天吃两份镁（Magnesium）元素，早晚各一小包，这样，健行者就可以避免最糟的情形，就可以远离痛楚。好吧，修正一下，"几乎"可以远离痛楚。所谓"几乎"，是因为镁元素虽然可以缓解健行者的脚痛，但如过度使用，却会导致胃痉挛这种消化道的问题发生。由于我个人特别希望疼痛消失，或许我夸大了镁元素的作用。我并不想挑战任何一位医生的专业知识，在这里我只想简单地表达我的看法，部分对肌肉系统无法起作用的镁，会在人体内挥发为气体，因此，这项服用镁元素的人体实验可能会出现以下的结果：几天后，我可能会因为体内气体过多而悬浮起来，并朝着山峰飘过去。

  好了，别幻想了！今天动身时，我们还是老老实实、一步一个脚印地

从因河谷地到多洛米蒂山脉

徒步了好一会儿,席碧勒与菲力斯很开心

爬坡往上走。吃过一顿丰盛的早餐——有干酪、培根以及我们想在早餐吃到的东西——整理好背包后,我们便踏上征途。不止一次,我的儿子们总是要带着那两只大象玩具上路,因为一直以来,那两只大象是他们的最爱,无法分离。今天沿途的空气非常清新,可以嗅到森林与菌菇的气味。周边的山峰如此陡峭地高耸,直插云霄,因此,我们的心里一直在问,这里真的有路可以往上走吗?如此一来,我越发感受到这个路段的挑战性之大,而且现在已经9点半了。

其实这方面我也有错。我坚持在今天出发前,一定要为孩子们很详细地朗读葛隆格策山巨人的传说。毕竟路牌上有这个故事,它能激发孩子们的想象,让他们在路途中有更多的乐趣和刺激。

从这儿走一小时的路,应该就可抵达湖边的一座城堡。从前那里住着一位国王和四位漂亮的公主。一个巨人想娶其中一位公主为妻,却总是遭到国王的拒绝。巨人在暴怒之下,踏着沉重的脚步走到山顶,把硕大的石块从高处推下去,通通砸向山谷里的城堡与湖泊。他愤怒地吼叫,直到城

第十一天 美人鱼和烤豌豆

堡沉入深深的湖底。湖泊完全被滚下的大石块所填埋。从此公主们的欢笑消失了，山谷里只剩下一片死寂，那片湖水变成了一个小池塘，被称为黑泉（Schwarzbrunn），它四周巨大的岩石群总令人想起巨人。这个巨人后来对于自己的恶行很懊悔，非常忧伤，最后变成一个侏儒。直到今天，死去的公主们每天夜里都会化身为美人鱼[①]，从黑泉中升起；在每个月圆的夜晚，她们还会穿得亮晶晶的，漂浮在水面上。有一个侏儒坐在岸边看美人鱼，他想接近她们，伸出双臂却够不着，最后悲哀地跌进了水中。

才9岁的菲力斯根据这个巨人的传说，用很不一样的视角来观察这个美丽却又令人战栗的小山谷，并尝试在这静谧的山谷仙境里寻找故事所留下的蛛丝马迹。

今天都是走上坡路，刚开始坡度还算和缓，我们还能轻松应付，之后的路段就比较陡峭，特别是步道也变窄了。只有这条狭窄的小径通往黑泉，它穿过茂密的矮树丛，沿着弗尔德溪（Volderbach）盘旋而上，景色绝美。后来我们觉得很吃力，启程这两天以来，我们的额头上第一次滚下汗珠，我们需要休息，而且鲁卡斯强调，丰盛的早餐之后已经整整两小时了，肚子饿得难受。我认为，一来，他是在胡说；二来，这时应该避免停下来吃东西。试想，带着鼓胀的胃攀爬海拔 2400 米的纳维塞尔隘口（Naviser Jöchl），这可真够要命的！如果我们因为停下来吃东西，在下午 1 点钟也赶不到山顶，鲁卡斯一定又会恼怒地说："我要现在吃东西。"那恐怕永远也到不了了。我的态度跟他完全相反，我绝对不在汗流浃背、差一步就可

[①] 在神话中，美人鱼和巨人是具备神性的，而侏儒仅是凡人。——译注

从因河谷地到多洛米蒂山脉

夕阳赋予里初梅尔山庄一种虚幻的色彩

第十一天 美人鱼和烤豌豆

到达峰顶前停下来用餐。这次我真的很生气,他虽自称饿极了,却拒绝吃干果杂粮棒,连看都不看一眼。"你知道什么?好吧,现在你开始吃面包,在这儿休息,我们继续往上走。"我生气地对他吼着,"我们在上头等你!"他觉得委屈,表现出一副被我冒犯而悻悻然的样子,然而他拖着步子继续走。我也如此。

登上纳维塞尔隘口的最后半小时的路程,真的很艰难。我们尚未适应这种海拔的高度、沿途的劳顿,还有我们背包的重量。当我们站在这个因大风侵蚀而风化的山口上时,全身已被汗水湿透。我们不急着用餐,即使狂风大作,我们仍希望能从容地观赏眼前的美景,即使只是几秒钟时间。整个景观真是太令人印象深刻了!雄伟的卡文德山脉已在脚下,阿尔卑斯山主脉的冰川世界魅力无限,它就在我们的面前。我们第一次意识到,自己大概想去哪里。我们几乎无法想象,这真的行得通。

此时虽然我们感觉很冷,但孩子们仍坚持要在山口上多待一会儿。现在他们已然完全心平气和,在一本象征荣誉的"登顶者留言簿"(Gipfelbuch)上,写下了对于这个健行日的负面评论——比方说,"笨呆了"(total blöd),大大剌剌地显出一副讥讽的样子。孩子嘛,有时真是令人难以理解。

纳维塞尔隘口的海拔高度是2479米,它是我们今天行走的最高点,也是最艰难的挑战。没想到我们在一天半之内,所在的海拔高度竟整整上升了1500米。接下来的路或是坦途或是下行道,顺着它往前迈进,就可以走到今天的目的地:里初梅尔山庄。

现在感觉饿得要命!从顶峰下来不远,有一块无风、凹凸不平、满是石头的不毛之地。我们坐在那里,拿着带来的火腿奶酪面包狼吞虎咽起来,

从因河谷地到多洛米蒂山脉

然而,我们很快就察觉到,充做正餐的面包带得不够。还好,出发前我趁席碧勒没发现,偷偷地把一大包内有十小袋的克诺布斯(Knoppers)花生奶油夹心酥饼塞进了背包,现在正好派得上用场。当初不想让席碧勒知道,就是怕她抗议背包过重了。

我们总共花了七个半小时才抵达里初梅尔山庄,虽然这个山庄在修缮,但看起来依旧耀眼醒目。它是一栋极少见的、现代新样式的建筑物,还有攀岩墙设施,这立刻让孩子们精神振奋,马上尝试了几下。背后的山景倒映在山庄前一个诗情画意的小湖中。山庄即使正在装修,里面的餐厅仍维持老式、纯木制作的风格。健行一天后,人们还想要些什么?嗯,也许就是一间舒适干净的客房和一顿像样的晚餐,这些要求对于友善的工作人员而言,都是小意思。我们住进先前预订好的四人房,房间小而温馨。通常客人的要求只要山庄能做得到的,都尽量提供服务。晚餐也一样,应有尽有。牧羊人通心粉(Hirtenmakkaroni)尝起来棒极了,另外我还点了烤豌豆汤(Backerbsensuppe),同样美味可口。在山谷的餐厅,烤豌豆汤从不曾引起我的注意,但在高山上的这儿,不知怎的,一切就是不一样。

晚饭后的时间也是如此,气氛很好。到处坐着健行者,他们把《慕尼黑—威尼斯》健行指南摆在面前,压低交谈的音量。许多人埋头认真地写日记,撇开共同的目的地威尼斯不谈;他们还有另一个共同点:早早上床睡觉。

第十二天

与冰川迎面相向

- 里初梅尔山庄—图克斯隘口山庄（Tuxer-Joch-Haus），11公里
- 预定健行时间：7小时；实际使用时间：8小时40分钟

　　第十二天的路程是罕见的一段路，必须按照格拉斯勒的原始路线不做丝毫改动地行进，因为此路无法中断，中途也没有旅店或饭馆可以过夜或打理伙食，走起来应该会很辛苦！虽然这段路只有11公里，但数据显示，它有2000米的海拔落差。另外应该尽可能提早动身，因为暴风雨来袭时，除了继续走之外，没有其他选项。幸好今天早晨起床时，并没有恶劣天候的征兆。6点半，向我们致意的不只是那只不招人待见的闹钟，还有蔚蓝的天空。我们去年曾在卡文德山区的猎鹰山庄下榻，那里的早餐会让人想起部队演习时伙食配给的情况；相比较之下，这里的服务人员非常亲切慷慨，甚至问也不问，就多给了我们几片面包，让我们带着在路上吃。这真的值得额外多给些小费。

　　我们真正启程的时候已经8点15分了。在山庄前，老板向我们指点向上走最不费力的路径。前半小时属于热身性质，再后来情况就逐渐加码了。开始真正的上行，前两个半小时必须爬上750米的海拔落差。我们穿

从因河谷地到多洛米蒂山脉

很快地我们灌满了一瓶泉水,或许要到中午才能续上水

过因板岩风化而成的碎石堆山坡,手脚并用、一步步地往上攀爬,一路坚持到底。鲁卡斯能完全跟上,席碧勒看起来困难重重,她的脸涨得通红,脸颊淌着汗,每走若干米就要停下来喘口气。经过一段辛苦的行程,我们终于来到海拔将近2500米的高处,不用说空气当然比较稀薄。菲力斯落在后面有时20米、有时30米,好像完全不想跟着走,态度总是很冷淡。当我停下来等他时,他竟然对我说:"你们究竟为什么要让我们遭这个罪?我根本不能理解,健行有什么意义?"我只能任凭他抱怨,因为此刻我实在无法和他就这次健行进行一场原则性的讨论,也无法好好地向他解释,这段路线的吸引力何在。我们只是默默地继续前进。

接着孩子们突然兴奋起来。"快看,雪耶!"鲁卡斯惊奇地大叫起来。路旁有一个浅洼地里呈现一个20米长的积雪区。这会儿应该来个扔雪球大战。我想,这里要不是处于这种纬度和海拔高度,我们哪有可能在8月天看到积雪?"这究竟是什么?"菲力斯问,他发现了一颗将近半米长、已

第十二天　与冰川迎面相向

爆破了的手榴弹,原来,这里一直是奥地利联邦军队的演习区域。"这我带走了!"他喜形于色,但此时此刻真的不行。"不好意思,这太重了。"我试着说服他,没想到他竟然接受了。他这次还蛮明事理的,出乎我的意料之外。

爬坡当然远远比不上玩雪,不只是无趣,而且辛苦,还没完没了,似乎永远也到不了终点。人们总是认为,只要再走几米就到了,但目标的山头总是在远方,我们在路途上也曾经信心动摇,觉得应该到不了了。即使如此,鲁卡斯已经有一段时间一直走在前面了,他突然发出一声尖叫,接着是一阵雀跃欢呼,喔,他已经在上头了。站在普鲁德林隘口(Pluderlingsattel),景色真是令人震撼。"啊呀,美啊!"这句话却是从菲力斯嘴巴里冒出来的,刚刚他满口抱怨,才被我教训了一顿。我们面前就是图克斯山主脉(Tuxer Hauptkamm),几个山峰的海拔高度都超过了3000米,上方白雪皑皑的部分是后图克斯冰川(Hintertuxer Gletscher)永冻的冰雪;左侧是高陶恩山脉(Hohen Tauern),右侧是厄茨塔尔河谷(Ötztaler)的冰川山脉(Gletscherberge)。如果这些风光都还不足以让人们一见倾心的话,还有在下方200米处那潭如祖母绿的咏塞湖(Junssee),它的湖光山色连孩子们都不能不为之着迷。

山口右侧有两位女士仍然继续顽强地挑战上方的盖尔斯峰(Geierspitze),虽然这座山峰和我们距离只有100米的垂直落差,我们还是放弃了。她们就是昨天我们在里初梅尔山庄认识的乌塔与玛莉娜。今天早上她们并没有采纳山庄老板的建议,选择那条对山友比较体贴的路线(虽然我们在攀登时几乎失去信心)来到这里,而是接受更艰苦的挑战,直接上山。现在她们即将登

从因河谷地到多洛米蒂山脉

上盖尔斯峰,这就更令人注目了。玛莉娜是个金发、体形高大的女性,随行的乌塔更令人敬佩,她在不久前才做过膝关节手术,却仍冒险前来阿尔卑斯山区登山健行。鲁卡斯和菲力斯只跟她们短暂交谈,便很喜欢她们,因为孩子们很欣赏她们的毅力,更重要的是,她们真的非常和蔼可亲。

就在乌塔与玛莉娜将要抵达盖尔斯峰顶的十字纪念碑时,我们也重新背起背包,顺着步道往下山的斜坡走去。这段斜坡布满松动的碎石,走起来虽有些费劲,但并不像当初担忧的那样难走。然而,谨慎跨步、集中注意力、踏稳每一步都是必要的。眼下,我们已快速下坡,甚至有时一路小跑,顺畅无阻地往咏塞湖上方那不远的"死亡地带"(Tote Böden)迈进。"死亡地带"绝非了无生气、缺少植被的不毛之地,它只是一度荒凉至极,这个地名就这样一直被沿用至今。在这里,我们至少看到一条生机蓬勃、泉水淙淙的小溪,流经一片贫瘠的、有许多石头和岩块的草地。这正是理想的用餐地点,此刻离早餐时间将近三个半小时,我们也该吃点东西了。我们从背包里拿出点心和面包享用,而孩子们总是坐不住,餐后鲁卡斯立刻从背包里拿出足球踢着玩。不过,他很快就明白了,在地势不平坦的高山上踢球,需要精湛的球技。动作粗暴地乱踢乱射,往往要跑到很远的地方捡球,简直是在自找麻烦。兄弟俩踢了一阵子后,弟弟菲力斯开始独占那个足球,因为他觉得在山上射球竟是如此趣味盎然。

我们继续走着,格许茨峰隘口(Gschützspitzsattel)高高地横亘在眼前。事实上,我们真不希望这个山口是在一个这么高的山脊上,而且就直接挺立在我们面前,然而我们别无选择,还是得继续朝它走上去,挑战将近260米的海拔落差。山口上面的几个健行者已经缩成小人偶,我们虽然一

第十二天 与冰川迎面相向

竖立于普鲁德林隘口上的路标

路气喘吁吁，情况还过得去。到达格许茨峰隘口时，后图克斯冰川的景致再次补偿了我们一路登高的劳累。我们现在已经十分接近后图克斯冰川，昨天这条冰川看起来还很远呢！我们居然靠着双腿如此神速地走到这儿，这连自己都不敢相信。后图克斯冰川辟有滑雪场，缆车道沿途的支撑塔清晰可见，甚至可以一清二楚地看到图克斯隘口山庄就在不远处。它是我们今天的目的地。

沿途我们还经过魏滕河谷地（Weitental），那里的施莱尔瀑布（Schleierfall）绝对是今天孩子们热切期待的重要景点。水流从高处经过岩壁倾泻到下方的一处石墙上，再注入一条小溪及岩石的洞穴中。在8月这种炎热的日子里玩水，来这儿准错不了。当我们拿出泳衣泳裤时，许多一日游的游客狐疑地看着我们，因为对他们来说，这里的水温过低，不适合下水。然而，像我们这样，因为登山健行而全身热乎乎，衣服已被汗水湿透的人，再也没有比跳进瀑布降温更舒畅的事了！瀑布的水根本不像原先担心的那样冰凉。戏水过后，我们还在旁边晒了整整一个小时太阳，孩子

从因河谷地到多洛米蒂山脉

● 后图克斯冰川

后图克斯冰川（Hintertuxer Gletscher），位于奥地利，又名图克斯冰川（Tuxer Ferner），足足有四公里长，是蒂罗尔省齐勒河谷（Zillertal）的一条分支。这条冰川的滑雪区终年积雪，四季都可以从事滑雪活动，该滑雪区的最高处位于图克斯山主脉"冰冻陡壁双峰"（die Gefrorene-Wand-Spitzen）之间的隘口，海拔3250米。后图克斯冰川最厚的冰层达120米，每年移动多至40米，因此，人们必须每年多次随着冰川的位移来调整电缆车沿途支撑塔架设施的位置。

们则在溪里玩耍。看吧，健行也可以很美好。没时间休息是个缺憾，现在我们完全疲惫得没劲儿了，根本提不起兴致再继续前进。

我们后来还是上路了，健行的步道很宽，景致优美，并遇到许多一日游的游客，他们的心情很舒畅，陪着我们一起走了几公里路，人情的温暖弥补了前几个小时的空虚寂寞。我们绕过牛粪堆，越过牧场的栅栏，因为目的地已近在眼前而欣喜若狂。不过，魏滕河谷地的瀑布和图克斯隘口山庄之间有300米的垂直落差，我们其实花费整整一个小时才走完这段路程。由于步行的时间拖延过久，心里觉得很不耐烦，我突然想起柏林著名的戏剧评论家腓特烈·卢夫特（Friedrich Luft，1911—1990）说过的那句话："一个小时后我瞄了瞄手表，才刚过了十分钟。"

第十二天 与冰川迎面相向

往魏滕河谷方向下行,席碧勒非常兴奋,在瀑布里冲澡的期待快要实现

早一些抵达图克斯山庄是值得的。山庄的冬季花园①已由原先的大露台改建完成。坐在这个玻璃屋里,人们可以避开强劲的山风,舒服地沐浴在阳光里,还可以从大片的景观窗直接地欣赏冰川的景色,或者坐在一组啤酒桌椅上,舒适地喝杯咖啡、吃着精致的蛋糕、阅读或玩桌型游戏。

我们昨天在里初梅尔山庄认识的一些健行者,现在正陆陆续续到达图克斯山庄。他们是几个人一组结伴健行的。这个山庄还有一个很特别的现象:几乎所有投宿的客人在今天傍晚都打破作息的常规,额外来个散步,连我们也是。我们完全无法解释,为什么经过八个半小时的健行后,还有兴致再到户外行走。不知道,我们就是还需要再动一动,可能是因为户外的景色太美了。甚至孩子们也是,他们很喜欢附近的一个水库,拿着石块

---

① 所谓冬季花园,一般是指起居室的延伸,可通往屋外的花园,室内的天花板及墙面均采用有抗紫外线功能的大片玻璃,室内放置家具及盆栽。冬天天气晴朗时,人们就坐在里面晒太阳,欣赏美景。——译注

两个徒步阶段路经的壮观景色,咏塞湖的右上方,是通往后图克斯冰川的路,我们明天会从左侧有雪覆盖的地方经过

就往水里扔。特别是菲力斯,他的精力最充沛,到处跑跑跳跳的,好像一整天都没活动过似的。

  一个非常令人满意的健行日终于要画下句号。在后图克斯山区,在阿尔卑斯山主脉之前,健行者才真正领悟到,他们一路走来到底是在做什么。来到这里的人,对于高山更有敬畏之心,同时也强化了自我意识。他们都很明白,自己将会全力以赴,把这条梦幻健行路线走完。

第十三天
情绪跌入谷底

» 图克斯隘口山庄—弗立森山庄（Friesenberghaus），9 公里
» 预定健行时间：4 小时 30 分钟；实际使用（包括参与救援）时间：8 小时 50 分钟

    夜里发生了一件不寻常的事。鲁卡斯做噩梦并惊恐地大叫："不，菲力斯！他掉下去了！"我好梦正酣，突然被惊醒，恐慌之中还下意识地伸手往上抓，想救起坠落的菲力斯。所有人都醒了，很好，几乎所有人。那位"假罹难者"半睡半醒地在我旁边躺得好好的，就在地板的睡垫上，安全得很，根本没有坠落的可能。

    我们戒备、谨慎、恐惧地看待即将来临的第十三个健行日。无论如何，弗立森隘口（Friesenbergscharte）的挑战总是会来的。这个隘口是这条梦幻路线中三个最关键的地点之一，它和比尔克冰斗峰及陡峭的施亚拉岩壁（Felswand der Schiara）是这条长达 554 公里的健行路线中最难走的三个路段。为了征服弗立森高山隘口，我们为孩子们准备了一套小型攀岩装备，并带上一条长绳索。如果一整天都是稳定的好天气，我们走起来就会很顺利。

从因河谷地到多洛米蒂山脉

到施潘纳格尔山庄也可以坐缆车去的

　　两个半小时后,我们抵达施潘纳格尔山庄(Spannagelhaus)。这里太舒适了,会让人想在这儿度过悠闲放松的一天,不要再继续前进了。服务人员用心地布置山庄那个原木装饰的餐厅,每个细节都展现了深深的爱意,陶瓷的壁炉让屋里暖烘烘的。餐厅师傅正用木炭烧烤肉架上的猪、羊、小牛的肚肉及肋条,肉香四溢,令人垂涎。然而,最大的吸引力其实隐藏在

第十三天　情绪跌入谷底

后图克斯冰川下方的施潘纳格尔岩洞对于患有"幽闭恐惧症"的病人不太合适

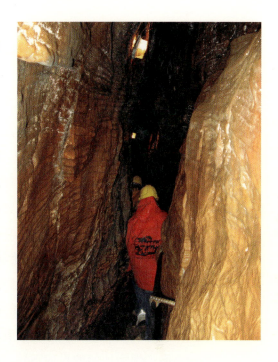

山庄的地底深处：树根般分岔状的施潘纳格尔岩洞（Spannagelhöhle）贯穿冰川下方，绵延十公里。山庄下方还有一处入口可以直接进入这个大岩洞。菲力斯去年从慕尼黑出发时，就已经对施潘纳格尔岩洞的行程充满期待，当导览人员开始发给游客一些特制的衣物装备时，更让他亢奋不已。每个参访的游客都必须戴上一顶敲起来声音清脆、颜色鲜黄的头盔并穿上一件短斗篷。菲力斯穿的那件过大，几乎拖到地上，看起来很像神话里的侏儒。在穿过一扇生锈的铁门之后，我们开始往深处走下去。岩洞能走的部分虽然不特别大，却让人印象深刻：圆形的冰川磨盘、水道、狭窄的岩石裂缝或小巧的岩洞博物馆（Höhlenmuseum）都非常值得造访。岩洞里某些通道很狭窄，我们得侧着身子，放轻脚步，在岩墙间挤蹭着穿行。

　　奇景总让孩子们百看不厌，他们会在每一个狭窄的通道中往上窥望，观察冰川的水如何从岩洞顶部一滴滴地落下。当我们经过整整一个小时

从因河谷地到多洛米蒂山脉

的游览后又再度站在户外的阳光下时,鲁卡斯发表了意见:"熊头特别棒呢!"原来那个陈列在岩洞博物馆小展览室的熊头盖骨,令他印象特别深刻。

刚从施潘纳格尔山庄出发时,我们沿着将要行走的路径方向远眺,却有一种奇怪的感觉。只看到一小段狭窄蜿蜒的小路,接着它便消失在一片没有植被、绵延数公里的砾漠里,而且这条小径看来是不会再冒出来了。或许我们可以从这儿猜测出,通往弗立森隘口确切的路径在哪里。我们在山庄后面的健行步道上只走了几分钟,便经过一处看来似乎岌岌可危的木桥,桥下有一壮观的瀑布向着山谷深处倾泻而下,水声太大,我们只能用吼叫的方式交谈。这瀑布的水流清澈,冰冻数千年的冰川融水,自海拔3000多米的"冰冻陡壁双峰"顺势落下。

不久,麻烦来了。一条湍急的冰川溪流截断了步道。如果只有我们两个大人,就可以踩着石头一个接着一个地走过去,不过这个方法对于小孩子行不通,因为他们的步伐不够大,无法跨越那么长的距离,用跳跃的方法照样不行;孩子们很可能一步没踏好,扑通一声跌下水里,不仅全身湿透,甚至会被水流冲走。这条溪流约有5米宽,河道上满是大石块。"我们不可能过得去。"席碧勒说。如果我们一直没找到适当的方法走过溪流,就得绕道往下步行15分钟。后来我抓住绳索的一头,让席碧勒抓住另一头先过对岸,然后在溪流的两岸拉好绳索,让孩子们抓住牢固的绳索跳着石头过去。鲁卡斯觉得很刺激,兴奋极了,他抓着绳索一一跳过石块,顺利抵达对岸;菲力斯则表现出一副懒洋洋的样子,总之,没多久我们全部过关,继续往前迈进。

第十三天　情绪跌入谷底

　　现在我们已经可以看到海拔 2910 米高的弗立森隘口耸立在前方。我们很高兴，因为这段路程不至于太远，再穿过一小片覆满碎石的山坡，并跨越一条没有完全融解而残留下来的冰川，应该就可以抵达隘口。右侧一直有山岩的石块崩落，阵阵噼里啪啦的声响，颇具威慑力，令人恐惧，我至今仍印象深刻。这儿一片荒凉，我们走着走着似乎已达到云层的高度。

　　我们必须加快脚步，偏偏菲力斯这时有些落后。虽然他在健行时从不曾怀疑，自己会尽力坚持。我甚至指望他会从这段路程中获得乐趣。"这不可能！"他满口怨言，大发牢骚，看起来很生气。

　　云层从我们后方逼近，天色阴沉，也许就像山庄主人预言的那样，今天午后会有雷阵雨。我们一定得赶在下雨之前经过弗立森隘口，否则那条本身已经很难走的步道及阶梯变得愈加湿滑，很可能会有危险。

　　最后登上隘口的那段上坡路并不长，要抵达隘口基本上没什么问题。鲁卡斯已在前头和一对结伴健行的情侣聊天，他们是荷兰人。原本他们走在我们前面，而在几个小时后，我们慢慢地追上了他们。冷风飕飕的，隘口上头很窄小，后面的平台仅有 1.5 米宽，接着就是往下陡降百来米的山坡，只容得下三四个人行走。那对年轻情侣为了把空间让给我们，便离开隘口，继续沿着一条狭窄的、左侧紧靠岩壁的碎石小径向下方走去。乌云越逼越近，我们行进的速度也在加快。过了弗立森隘口，还需要两个小时才能走完这段下坡路程，而且我不希望大部分时间都在雷雨中行走。不过席碧勒却不这样认为，她持相反意见。"这路况还不算坏啊，我不知道是否真的需要绳索，"她大声叫道，"这里到处都有钢缆绳保护。"然而我仍忙着从背包里取出攀爬的装备，这时鲁卡斯对我也很不以为然。

从因河谷地到多洛米蒂山脉

  突然出现一阵骚动。"前面有人掉下去了！"菲力斯惊恐地尖叫。我吓得心脏几乎停止跳动，这时我什么也看不见，因为一块岩石挡住了我的视线。尽管如此，我仍尝试着让自己镇定："你确定吗？""是啊。"他讲得结结巴巴而且惊恐的眼神似乎意味着什么。"是妈咪吗？"我问。"不。""鲁卡斯？""不，爹地，他还在这儿。"知道家人平安无事，我的情绪稍微平静了一些，然后我看见鲁卡斯蹲在崖边，跟菲力斯一样密切地关注着这起坠崖事件。席碧勒并不想看到如此可怕的场景，鲁卡斯则叫着："喔，不！那里掉下去一位小姐，不，不！她死了！"接着席碧勒看到一个人影从石头的陡峭山坡上滚下约一百米，还多次翻滚，之后消失在视线外。接着，便是一片寂静。这时菲力斯一面哭，一面紧紧地抓着我；鲁卡斯则哭得完全歇斯底里。他本想立刻掉头折回，却又担心妈咪也会掉下去，因此留了下来。席碧勒根本无法安抚他，甚至有时得提高嗓门，好让他受点儿震慑而稍稍平复情绪。当时的情况就是这样。

  这件事虽然悲惨，对我而言

置身陡峭的地形中，即使受到极度的惊吓，还是得往下走：我们必须全速前进，帮助坠落者

第十三天　情绪跌入谷底

却是正面的。当极端的情况发生后，我通常会觉得世事难料，因此，必须先让自己保持冷静。就今天的路程来说，我会强制孩子们要切实注意安全，即使系上攀岩腰带，或已在钢绳上扣好弹簧钩，一切似乎万无一失，但是如果双手没有扶着岩壁，就不可以挺直地站在岩壁旁，没必要冒这种风险。另外，我还为他们绑上一条攀岩绳，以确保他们的安全。席碧勒也套上防止绊倒的安全装备。总而言之，由于有小孩随行，我尽可能让自己保持镇定，照顾好他们。

持续变厚的云层现在对我来说已无关紧要了。我很平静地跟孩子们说，我已帮他们做了双重的安全措施，如果他们确实扣好安全带，扶好岩壁，是不容易坠落的。我朝越逼越近的风云看了一眼，并让鲁卡斯明白，基于安全的考虑，绝对不能回头，直接走在雷雨中也未尝不可，特别是我们还必须去帮助那位坠崖的女士。她正是在十分钟前和鲁卡斯在隘口上亲切聊天的那位荷兰女子。我们这时也看到她的男友正加快脚步往下走，赶往她的身边。

走在比较前面的席碧勒大声地告诉我，那位女子的男友手机收不到信号，叫我用自己的手机打电话求救。于是我便打手机和弗立森山庄联络。"我过去了也完全无法做什么，现在请直升机过去比较妥当。"山庄的老板说着，并立刻挂上电话。

我现在必须把陷入惊慌的孩子们安全地从这山里带出去。他们始终担心我也会掉下山崖，惊慌失措地提醒我要多加小心。我不止一次地强迫他们，要看好自己脚下的路，不要把注意力集中在我身上。"我能及时赶上的，你们要快点。"我对他们喊着。在一片惊慌的状态下，我们以蜗牛般的

从因河谷地到多洛米蒂山脉

速度缓步前进,顺利地走下隘口。

席碧勒已远远走在前头并尝试往伤者方向靠近。她这会儿不只看见了那位金发女郎,而且还注意到,乌塔及玛莉娜清楚地出现在我们前方的不远处。其实她们几乎已经抵达弗立森湖(Friesenbergsee),却为了救援这位女子而折回。经过不到半小时,孩子们已到达较安全的地点,并且恢复了状态,走起路来也比较自如。无论如何,不至于像刚才那样,即使有绳索及弹簧钩的保护,也得用双手交替地扶着岩石,一步一步地向前移动。

接着我们都赶到了卡在斜坡上的坠落者身边。这位不到40岁的女子真的很幸运,如果不是她的背包被绳索的安全装置缠住,她可能会坠落到更深处。她的额头上有血迹,看上去有些虚弱,行动仍受岩石和绳索的束缚,不过已能挺直地站立,对于问话也有反应。席碧勒是护士,立刻为她摸脉搏。她的心跳很正常,不过,她开始出现轻微的颤抖,席碧勒赶忙为她披上第二件急救毯。这位荷兰女子则忧心地问着:"孩子们是否看到了坠落和救援的过程?"这位女子在经历这样骇人的意外事故后,还会替别人着想,实在很不简单。她透露说自己有两个小孩,现在正和她的前夫在埃及红海边的古尔代盖(Hurghada)海滩度假。

对于坠落的经过,她已经想不起来了。"我只知道,我被绊倒,"她叙述着,"然后就躺在这里。我无法理解怎么会这样,实际上我是有登山经验的。"她的男友受到很大惊吓,说:"我听到后面有声音传来,一转身只看到背着背包的她头朝下,倒栽葱地掉了下去。"他的双臂已完全没有气力而且还在颤抖,他小心亲昵地抚摸女友的头部,而她则坚强地微笑着。

远处传来了马达声,一架红色的救援直升机飞进了山谷。我们所有人

第十三天　情绪跌入谷底

都再次为这位荷兰女子感到庆幸，她不仅没有坠入山谷深处，天公也很作美，如果厚厚的云层不是停留在弗立森隘口，直升机就无法飞进谷地，救援队就得花费好几个小时抬着担架上上下下地在山径上赶路，才能完成救援工作。

直升机驾驶员从空中观测意外事故的地点，确认无法在这个陡坡上降落后，就往下飞到弗立森山庄，从那里载来两名救护人员。他们身上绑着安全腰带，直接挂在直升机下方，再朝我们飞来，并在我们上方用绳索把自己吊下。瞬间尘土飞扬，小石粒被卷到半空中打旋，我们必须低下头，尽可能保护伤者不受到影响。好极了！专业救援人员终于到了。两位救护人员再往我们靠近几米，便松开绳索跳下，亲自为这位受伤的荷兰女子做检查，直升机则又飞回弗立森山庄。"膝盖很疼，"她说，"而且头很疼。""我们必须将她放在担架上，才能送往直升机，因此需要你们帮忙。"其中一位救护人员向我们说。席碧勒与孩子们则在斜坡的下方等待。这时另一位救护人员也已经给担架充足气。救护人员将这位受伤女子从绳索中解下，我、乌塔、玛莉娜和荷兰男子则负责在这个斜坡上托住伤者，避免她再次滑落。救援人员告知我们的责任所在："她能否活命，就看你们可不可以把她保护好。"听到这些话，我紧张极了，好像她没有系上安全腰带似的，于是我立刻再牢牢地将她系得更紧。我们几个人一起抬着她，把她放到担架上，她当然很疼，但看来至少还能忍受。

接下来所有事情都快速地进行：直升机又再度飞过来，两名救护人员用直升机放下的绳索悬吊起担架，其中一人随行，当担架和救护人员降落在山庄的地面时，再把伤员安置到直升机上，然后飞机再返到山谷的斜坡

从因河谷地到多洛米蒂山脉

上,把另一位救护人员接走。我们就站在出事的斜坡上,试图让大家聚在一起,而那位荷兰男子仍失神地俯望下方的弗立森山庄。我们尽可能地关照他,无论如何,我们仍需要往下继续步行一个半小时,才能到达今天将要下榻的弗立森山庄。这个下坡路段虽然不是陡坡,它却是一片似乎没有尽头的不毛之地。"我们昨天才刚启程,"荷兰男子说,"想来四日游。"大概是背包太重才导致坠落吧。他们两人各背着 20 公斤重的背包,这对于短程的高山健行来说,并非寻常。

我们似乎无止境地一路往下走,孩子们在途中一直谈论这个坠落的事件,不提别的。弗立森山庄的老板胡伯特·弗里岑瓦尔纳(Hubert Fritzenwallner)先生已经在山庄里等候我们多时。他看到我们一行人到达时,非常激动和紧张,但仍亲切地照顾受到惊吓的荷兰男子及两个小男生。他坚持要给荷兰男子来杯啤酒,即使他不是真的想喝;老板还送给孩子们巧克力棒以及他在山里捡来的水晶石,希望能借此转移他们的注意力。不一会儿,又传来另一架直升机隆隆的声响,它降落在山庄旁,这次是警察来了。鲁卡斯与菲力斯要以证人身份提供证词,而我作为协助救护者,也必须做口供笔录。警察们来得很匆忙,鲁卡斯因为当时过于紧张,后来两位警察决定放弃他的证词。他们只停留了五分钟,直升机的螺旋桨又开始转动起来。可怕的暴风雨即将来袭,警察必须赶快搭直升机离开,那位荷兰男子也跟着走,去找他的女友。大家匆匆地与他拥抱告别,他在直升机里淌下了泪水,再一次向我们挥手致意,此刻直升机便消失在越来越暗的夜幕中。

直升机离开后,我们又回到餐厅。外头很冷,很不舒服,不多一会儿,

第十三天　情绪跌入谷底

我们尝试与乌塔及玛莉娜玩纸牌以消磨时间，然而内心的阴影仍挥之不去

我们预期已久的暴风雨降临。一群人——可能是一个家庭——面对面地坐在餐桌边，正在担心还在途中的父亲。今天该不会也发生了另一起戏剧性的事件吧？所有山庄里的人都能感受到那种焦急和担忧。一种说不出的紧张气氛在屋内蔓延。这时外头很暗，而且由于雨势很大，能见度不到 20 米。门终于开了，一个浑身湿透的男士蹒跚地走了进来。紧张的气氛也随之消散，事情再次顺利起来！

　　山庄老板也跟着松了一口气：荷兰女子的坠落已经是今天第二次出动直升机救援了，"对我来说真是够了！"在另一条健行步道上，有一个德国人摔断了肋骨，也动用了直升机救援。然后就是我们一起经历的这起坠落事件。"如果你从那种地方掉下去，通常是没机会活命的。"胡伯特说着并摇摇头，"不过，那也是我这个山庄营运十二年来第一次发生的坠落事故。"

　　不知怎么的，我们所有人心里都乱糟糟的。席碧勒吃不下东西，孩

从因河谷地到多洛米蒂山脉

子们则心情沉重。好吧,幸好乌塔和玛莉娜还在这儿,现在正是彼此认识的好机会,大家在一起,还可以让我们转移情绪的焦点。乌塔是波鸿(Bochum)一所大学的讲师,玛莉娜是黑森林地区的人事顾问。两位女士想要借由这趟前往威尼斯的健行之旅,重温她们青年时期的友谊。如果一起结伴长途健行可以让友情加温的话,那真是美妙极了!

我们一起玩了"毛毛"游戏,并下了几盘棋,便让孩子们上床就寝。好极了,今天我们住进一间四人房。实际上我们只预订了通铺,但是,老板就是这样安排的。

菲力斯在床上哭了,那些惊悚的画面一直出现在他的脑海里,不过,过了一会儿他还是睡着了。这个夜晚相当不安宁。孩子们一再做噩梦,在床上翻来覆去,始终睡不好。鲁卡斯也在梦中尖叫:"慢慢走!小心就对了。"我用手臂抱住菲力斯,席碧勒则躺到鲁卡斯身边,依偎着父母效果很好,孩子们立刻平静下来,终于安然地睡着了。

我整夜都睡不好,处于半睡半醒的状态,累得很,只有席碧勒一直保持清醒。之后她在日记里写道:"我非常惶恐不安,希望孩子们不要永远活在这起坠落事件的阴影中。现在我们应该如何不受成见牵绊,继续完成健行计划呢?难道只是遇到一个小陡坡,就让我们吓破胆?"我在入睡之前,耳边还响起山庄老板的话:"我相信,救护人员跟你们说过,什么是内伤。"

第十四天 好消息

第十四天
好消息

- 弗立森山庄—多米尼库斯山庄（Dominikushütte），7公里
- 预定健行时间：2小时；实际使用时间：3小时

    弗立森山庄处处弥漫着美好的气氛。服务人员从容不迫、气定神闲，让客人深感贴心，原木装潢的餐厅有家的亲切舒适，完全感觉不到其他住房率高的山庄的商业气息。

    今天天公不作美。自几天前开始进行第二阶段的健行计划以来，第一次遭遇山间起大雾，昨天经过的弗立森隘口甚至下起雪来。因此，所有在我们之后准备前往威尼斯的健行者，今天根本无法穿越这个隘口。

    天开始下起雨来。先是细雨霏霏，之后雨势愈来愈强。我们今天打算前往远在两小时路程之外的多米尼库斯山庄，但是碰到这种鬼天气，我们宁可按兵不动，坐下来写写日记，让孩子玩棋盘游戏。后来雨转小了，天色又渐渐明亮，我们在12点半左右出发了。这是我们在这次健行里第一次戴上滑雪用的保暖帽，而且很庆幸我们准备了厚羊毛手套，再穿上舒适的羊驼毛夹克，真是惬意极了。这会不会太夸张？现在可是8月3日，盛暑呢！

从因河谷地到多洛米蒂山脉

● 弗立森山庄

弗立森山庄位于弗立森隘口下方，因其地利占尽而显得独一无二。其实这座高山旅馆具有重要的历史意义：1921年，阿尔卑斯山协会日益刁难犹太人，因此，以犹太人居多数的"多瑙河地区维也纳分会"（Wiener Sektion Donauland）便于1924年脱离阿尔卑斯山协会。此外，犹太人为了和阿尔卑斯山协会竞争，还在柏林成立了一个山友协会。这个由犹太人主导的协会于1928—1930年建造了弗立森山庄，这时正是在该协会被刚上台的纳粹党强迫解散之前的1933年，该山庄被交给了"多瑙河地区维也纳分会"营运。1938年，弗立森山庄被纳粹没收并充作德国国防军培训机构所在地。"二战"后，"多瑙河地区维也纳分会"收回弗立森山庄，于1968年又把它移交给该协会的柏林分会。2002年，该山庄被指定为国际反排挤、反仇恨的活动中心。

乌塔与玛莉娜的意志如钢铁般坚强，她们早已在一个小时前就冒着倾盆大雨出发了。她们将在几个小时内越过奥地利和意大利边界，一路走到意大利北部南蒂罗尔地区的施泰因（Stein），这是前往威尼斯健行路程上的一个里程碑。令人惋惜的是，如此和蔼可亲的朋友竟一下子就与我们分别了。长途健行就是这样，每个人都有自己的节奏，等待别人只会让自己的心情烦躁，干扰自己的路程计划，毫无意义。

云层持续消散，可惜的是太阳依旧没有破云而出。往施莱盖斯水库（Schlegeis Speichersee）的下坡路虽漫长但平缓，景色令人流连难忘。山脉的右侧有多处流到山谷的瀑布，拉鹏冰斗溪（Lapenkarbach）的水道上有许

第十四天　好消息

多阶梯式的小瀑布及小洼地，在山区里如蛇般往低处蜿蜒数公里，真是美极了！我们看到肥嘟嘟的阿尔卑斯土拨鼠，从一个隐蔽的洞口迅速地跑到另一个洞口，还听到噼里啪啦的岩石块掉落的声音。弗立森山庄的老板曾指教孩子们如何在野外寻找水晶石，现在只要他们臆测哪块石头下面会有水晶石，就一定会紧张而充满期待地翻来覆去寻找。这时鲁卡斯裤子的两个口袋里装满了这玩意儿，他的裤子自然地往下溜。没关系，看到孩子们如此兴高采烈，我自己也很高兴，即使是顽皮、嬉闹都可以，这正是他们昨天一直所缺少的开心状态。

我们已经走入深深的谷地，从低处仰望，山岩也就显得更加巨大，即使烟雾迷蒙，我们还是可以一再看到它们的形影。无论如何，眼前山谷的这种景致与前几天我们在高山地带所见识到的风光大不相同。施莱盖斯水库已在我们眼前。水库的地层受到来自左侧的板块挤压而上升，右侧耸立着海拔3509米的霍赫法伊勒山（Hochfeiler）。后方则是施莱盖斯冰川（Schlegeiskees），此

我们戴上滑雪帽及手套，站在毛毛细雨中，弗立森山庄就在我们身后

从因河谷地到多洛米蒂山脉

施莱盖斯水库,右后方是霍赫法伊勒山

第十四天 好消息

条冰川在远古时，因山谷移动而形成。现在即使能见度不高，全景依然气势磅礴，引人入胜。

在完成今天这段比较短的健行路程后，我们抵达目的地多米尼库斯山庄。我们把行李搬进一个极小的阁楼房间，四张床排成一列，床垫因长期使用而中间下凹，屋顶斜面下的那面矮墙上有一扇小窗户，能透进一缕光线。洗手间位于室外的走廊，冲澡则要到地下室。阁楼房间的正门非常低矮，只能权宜性偶尔使用。我们得绕道，走过一间储藏室才能到达房间。这样的住房质量却要价将近80欧元，简直令人咋舌。当我去柜台投诉，希望能获得较理想的房间时，老板娘很不耐烦。她的先生还比较客气，他觉得很抱歉，并同意降价。他向我们解释，因为其他房间都已住满了，所以才把我们安排在阁楼。

事实上，我们想要多利用今天这"无所事事"的空闲时间，晒一下太阳或是在床上阅读、听音乐，单纯放松自己。然而这个简陋的房间采光不足，屋内仅配备一盏光线昏暗的电灯，并不适合阅读。屋外雾蒙蒙一片，直到傍晚也没有消散。我们顶着寒风来到水坝，在坝堤上散步。寒风与潮湿的空气令我们感觉身上所有的关节都不舒服。不多一会儿，我们就回到山庄温暖的餐厅，坐下来喝杯热可可。孩子们还在屋外，他们有任务在身。"我们要拯救蝌蚪。"菲力斯兴冲冲地说。他们在一座双层式喷泉的上层洼槽里发现了蝌蚪，想把它们"拯救"至下层。这两兄弟完全沉迷于这项"任务"之中，虽然外面已飘起毛毛雨，手指也因为喷泉水温过低而发疼，然而他们还是坚持不懈，毕竟这是攸关"性命"的营救行动。

席碧勒和我留在屋内写写日记，一起玩纸牌游戏，悠闲地度过了下午

从因河谷地到多洛米蒂山脉

的时光,接着就到了吃晚餐的时间。餐后,席碧勒与孩子们回房休息,我则留了下来,因为今天晚上我也有一项任务。

坠落的荷兰女子一直在我脑中挥之不去,特别是弗立森山庄老板曾暗示,她可能会有些内伤。孩子们与席碧勒整天的话题也一直围绕着这个事件。我愈来愈清楚,在尚未获知这位荷兰女子是否好转之前,我们沿路的健行会一直笼罩在这个事件的阴影之下。如果我们得不到关于这位女子的好消息,接下来的健行将很难轻松愉快。孩子们与席碧勒因为亲眼看到一起健行的朋友坠落,受到惊吓而恐惧,心情也坠入谷底。我发现他们已失去健行的乐趣。现在对他们而言,健行只是为了转移目标,而不是健行本身带给他们乐趣。健行现在竟成了危机处理的方法。突然间,我们似乎走在西班牙北部那条知名的朝圣之路——"使徒雅各布之路"(Jakobsweg)。而我们并非为了忏悔或灵魂的救赎,只是想单纯而幸福地在阿尔卑斯山里健行。

其实我很怕打电话去医院,因此在山庄的露台上神经质地走来走去,天人交战,拿不定主意是否应该打电话去探问病情。席碧勒与孩子们完全不知道我在想什么,我必须独自做决定。如果那位荷兰女子情况良好,那我们一家四口就可以松一口气,卸下心里的重担,那当然是皆大欢喜,再好不过了;如果我得知她不幸过世,那这件事我自己一个人知道就好,我不会告诉席碧勒及孩子们,免得他们承受痛苦。我认为,这是责任问题:是我提出要健行的,因此我必须帮助家人越过健行途中所遭遇的精神上的难关。

那位荷兰女子被直升机送到因斯布鲁克的一家医院,多米尼库斯山庄

第十四天　好消息

的老板帮我从电话簿里找到了这家医院的电话号码。我直冒冷汗，很紧张，手心里全是汗。接电话的男子显然并不想答复我，他问："您是亲属吗？""不是。""她叫什么名字？""不知道。""她是一位荷兰女子，昨天下午被直升机从弗立森隘口救起来的。"他在电话中告诉我，他不能透露她的名字，也不能提供任何信息，他的话听起来似乎是要对我隐瞒不幸。我万分紧张，只好提到我的情况以及营救时大家一起帮助她的情形，最后，他让步了。"我帮您转接到病房区的护理站。"他说。我一直站着且拿着手机靠在耳边讲话，在听完这句话后，因为担忧仍未解除，我的腿部肌肉差点儿不听使唤。不过，我担心的最坏情况并未发生，心情便开始缓和。"她没有私人电话。"护士小姐说。没关系，即使如此我已经很高兴了。"如果您长话短说，我可以把这电话转给她。"她说。

"喂，"我听到一个微弱的声音，"您哪位？"虽说我们认识，但事实上我现在听到的是一个陌生女子的声音。她的声音听起来无精打采，但是讲电话完全没问题。"是你呀，好极了，谢谢你打电话给我，"她跟我说了她现在的情况，"我的左膝整个毁了，必须立刻动手术，此外一切都很顺利。"她必须住院一星期，之后就可以回家！我突然想到一个点子，于是一面说话一面尽可能快跑，一连跑了四层楼，冲进阁楼的房间，头还撞到那个低矮的门框。这时我在手机里请求这位荷兰女子："如果你能和孩子们简单讲几句话，那会使他们安下心来。"席碧勒与孩子们一头雾水地望着我，我把电话递给鲁卡斯："有人要跟你讲话。"他看起来满脸狐疑。一开始他根本不清楚是谁，接着就高兴起来了。"你一切都好吗？"他想知道并希望得到一个好的消息。这位荷兰女子自己有两个小孩，颇有同理心，所以知

从因河谷地到多洛米蒂山脉

道如何安慰我们的孩子,她从自己的角度讲述了整件事情的经过,虽然她到现在还不明白这跌落的事情是怎么发生的。最后,我对她表示感谢并挂上电话,此刻我看到家人的脸庞露出了幸福的神情。大家都如释重负,紧张的气氛解除了。我很感慨。现在我终于深刻地体会到,这起不幸的事件带给大家多大的精神压力。席碧勒在日记里写道:"我真的很高兴,此刻我已更有把握,特别是可以带领孩子们去完成他们所该经历的。"至于我嘛……我已经感受到,我们的旅程似乎即将有一个新的开端。

第十五天

魔幻般美丽的南蒂罗尔地区

» 多米尼库斯山庄—施泰因（Stein），14 公里
» 预定健行时间：4 小时；实际使用时间：6 小时 30 分钟

今天是个特别的日子。我们将在这第十五个健行日里跨越奥地利边界，前往意大利北部的南蒂罗尔地区①，届时我们将完成这条全长 554 公里的慕尼黑—威尼斯梦幻路线中的 220 公里。我想，我们已经可以为自己感到些许的骄傲了，特别是我们那两个小男孩。

孩子们昨天搜集了整整一公斤重的石头，一路从山上扛下来，由于其中夹杂着一些绝美的水晶，启程前，我们必须先把它们挑出来，让他们决定要带走几块。虽然孩子们认为这些都是珍宝，却也不得不舍弃，只能留一小把带在身上。"再见了，水晶！"菲力斯依依不舍地望着这些石头，终于向它们告别。然而，他虽然迈开脚步出发了，却又惋惜地再跑回去看看；

---

① Südtirol，曾隶属于奥匈帝国，居民以德语人口为多数，约占 70%。在历史上，奥地利与意大利的两个蒂罗尔地区曾经是在一起的。它们曾是巴伐利亚王国的领土，也曾是奥匈帝国的一部分。"一战"时意大利保持中立，英、俄、法三国同盟为了拉拢意大利加入对抗德奥的阵营，允诺胜利后意大利可以得到奥地利蒂罗尔地区的南半部。这就是现在意大利南蒂罗尔地区的由来。——译注

从因河谷地到多洛米蒂山脉

而鲁卡斯就比较酷,他跟往常一样,总是走在我们前头。

今天不该只顾着向前冲,沿途的景色依旧很有看头,我们应该放空自己,让自己在数小时的路途中浸润在大自然的美景中。眼前这山谷的右侧兀立着海拔高达 3410 米的施拉姆马赫峰(Schrammacher),这座山的周围都是溪流及瀑布,这些冰川或高山雪原融化的雪水从高处奔流直下,泻入这块生机蓬勃、绿油油的峡谷,最后注入查姆瑟溪(Zamser Bach)。峡谷的左侧则是海拔 2860 米的小霍赫施泰勒峰(Kleiner Hochsteller)。在群山美景的环抱中,我们心旷神怡地走在已被拓宽、路况很好的健行步道上,非常舒适地爬坡往上前行,奔向位于上方 500 米处的普菲彻隘口(Pfitscher Joch)。今天我就要告别这番醉人的景色。

每一个前往威尼斯的健行者大概都会在一块大岩石的前面驻足,上方的"VENEDIG"(威尼斯的德文地名)大字用黄色的油漆写就,下方还有一个箭头指示往右。它是这条全长 554 公里的

山间有一块奇特而有趣的"里程碑",往箭头指示的方向走,就可以到达威尼斯

第十五天 魔幻般美丽的南蒂罗尔地区

健行路线中,最不可被忽视的路标,它的存在正是为了那些期待身处山中而梦想着海洋气息的健行者们。我们经常在书报杂志上看到它的照片,如今我们就真的站在了这个里程碑的面前!

今天的行程并不特别劳累,而且现在已经接近位于边界的普菲彻隘口。由于时间充裕,我们还可以在抵达普菲彻隘口之前半个小时的路程处——小巧可爱的拉维茨高山牧场(Lavitzalm)歇歇脚。这座牧场位于一座小山坡上,目标很显著,以自产的山羊奶、胡桃仁蛋糕、干酪等美食招揽过往的旅人。就在我与鲁卡斯进去点山羊奶时,席碧勒和菲力斯决定继续向前走。真正的父与子的故事正在上演,而鲁卡斯是幸福的,能和我单独相处一刻钟。店主和他的家人正坐在邻桌吃饭,餐点内容有汤及一道马铃薯料理,闻起来香极了,让我们馋得直流口水。我很想问他们,是否我们也可以跟着一起用餐,不过,我没这个胆儿。

距离普菲彻隘口只剩最后一小段路了。我们在席碧勒及菲力斯后头苦苦追赶,可惜没有看到路面上那些爱的告白:席碧勒和菲力斯用他们的健行手杖,在黏土质地的路面上刻画出好几个大大的爱心的图案。

接着外观质朴的边界哨卡出现了。这个地点也是阿尔卑斯山主脉和其他山脉的分界。我们可能无法想象,这座孤零零的哨所从前曾是重兵严守之地。在1973年前,人们根本不可能从这儿跨越边界。我们转身远眺,指着远方向孩子们说明这三天我们所走过的路程。我们穿越了左侧壮观的阿尔卑斯山主脉和山群后面的后图克斯冰川,现在就站在一块奥地利—意大利边界石的旁边,再跨一步我们就进入意大利了。这两个小男生做出兴奋的反应,很有成就感。

从因河谷地到多洛米蒂山脉

终于到了南蒂罗尔,为了庆祝进入意大利,可在边境的普菲彻隘口山庄点一份帕尼尼,配一杯红酒

在成功跨越边境后,我们安排了一个像样的点心时间慰劳自己。普菲彻隘口山庄(Pfitscher-Joch-Haus)的餐厅已带有浓浓的意大利风味:我们事先被告知餐点是自助式的;玻璃柜里摆着意式三明治(Panini)及其他意式点心;葡萄酒的价格相当合理。山庄背风处的露台上摆着两张粗重的木桌和长凳,正午时分,坐在户外享受阳光及南蒂罗尔风情,大人们喝着红酒,孩子们喝着柠檬汽水,桌上还摆着一盘南蒂罗尔式培根冷盘。面对如此幸福的一天,还有什么渴求的呢?

像长了翅膀似的,我们飞快地继续往施泰因方向前进。因为一直呈下坡状态,即使有700米的海拔落差,却不觉费力。"快来啊,我发现一颗很棒的水晶。"孩子们兴致勃勃,那对他们而言,就是人间的宝藏和财富。这里的岩石到处有水晶附着,比昨天发现的还多。他们舍不得离开这里,一心一意要寻找宝藏。他们的裤兜儿再度鼓胀,甚至连他们背包的上层也都放满了,他们已经找不到空间可以安置这些石头了。

第十五天　魔幻般美丽的南蒂罗尔地区

施泰因这个村落有提供食宿的旅馆、民宿及牲畜圈和谷仓，仅此而已，如果游客对这个小地方还有额外的期待，一定会很失望。就连我们下榻的这家旅馆也有些怪异。老板娘以大人的价格向儿童收费，她甚至不给我们已预订好的两间双人房，而以一间四人房替代，还收同样的费用，他们的理由是，相信我们会喜欢这样。"其他房间都已客满，在这个房间你们四人正好可以全在一起啊。"她说。但我们根本就不想这样。两间分开的房间对我们比较方便，亲子不会相互干扰。孩子们的想法也一样。我们想要完全享受不常有的二人世界，小孩的表现很成熟，他们也想要有自己的房间，这样一来，他们就可以不受拘束地玩枕头大战，放纵耍笨，将房间折腾得乱七八糟。不过，旁人或许会认为我们这样很奇怪。就在我们准备打开行李时，老板娘忽然敲门，"我还有双人房可以给你们。"她说，良心的内疚刻在了脸上。但这时我们已不想再将东西收拾打包，因此，将就地在这间四人房里住下了。

晚餐的时候，原木装潢的餐厅里客满为患，一座难求。每个人对于明天的健行路段都充满敬畏之意。对我个人而言，这个路段须征服 2700 米的海拔落差，是最陡、最艰辛的"王者路段"（Königsetappe）。预计的健行时间算起来是七个半小时，我们预定明天早上 9 点左右出发，如果中间不做任何休息，就会在下午 4 点半抵达普芬德（Pfunders）。情况很明显，我们绝对需要更长的时间。走在我们前面的乌塔与玛莉娜已经用手机短信向我们预告，这个路段在情况紧急时，没有地方可以投宿，没有营地可以露营，没有棚子可以躲雨，没有小吃店供应餐点，沿途经过的几乎都是空旷地带。

从因河谷地到多洛米蒂山脉

当席碧勒和我还在计划明天的行程时,儿子们早已进入梦乡。他们白天用随身带的折叠刀各自雕刻了一把精美的"宝剑",为了固定握柄上方的十字护手(Querbrett),还向一位农夫借来锤子和钉子。现在他们大概会梦到一些贵族骑士的英雄行径吧!剑就放在他们床边伸手可以够到的地方。谁知道呢,或许夜间遭遇偷袭时,就真能派上用场了……

第十六天　王者路段

第十六天
王者路段

» 施泰因—普芬德（Pfunders），17公里
» 预定健行时间：7小时30分钟；实际使用时间：9小时30分钟

一切都够叫人兴奋、激动的！当我们下楼吃早餐时，发现走道上已堆满背包，情绪紧绷的健行者在检查背包行李，充斥着启程前蓄势待发的紧张气氛。一开始，我们慢慢地走在一条上坡的柏油路上，并穿过一处森林，感受着早晨那种独特而舒适的清新和凉爽；再晚一点，天气就会转热。我们从昨天就已经注意到，我们跨过的不只是国家的边界线，还是一条"气候分界线"。

在柏油路上走了一个半小时之后，我们来到一个拐弯处的停车场，停车场的右方岔出一条健行步道，顺着这条步道直走，经过一座拱起在潺潺溪水上的木桥后，孩子们有了今天第一个重要发现：那是一片废弃的木屋群。这群质朴古拙的木屋以前是一个小村落，但在十年前遭弃置而逐渐倾颓倒塌。其中一间小屋已完全崩塌，我们看到在一个已腐朽的长条木质花盆里，还长着阿尔卑斯山特有的花卉。孩子们完全被这个探险的场地振作起来，一定得逐屋逐屋地探查一遍。"快看，这是什么？"菲力斯问。在一

从因河谷地到多洛米蒂山脉

无名山谷,由此蜿蜒的山路通往格里德山隘,此路线的开创者路德维希·格拉斯勒形容此山谷"出神入化"

间保存得较好的小屋内,有一个从前南蒂罗尔农民用来运干草的旧雪橇,现在被闲置在那儿,已经毫无用处,非常可惜。真希望有人能对利用这个废弃的木屋村落提出一些具体的规划或构想,或许可以把这个已废弃的小

第十六天　王者路段

村落改造成一个小型的露天博物园。

菲力斯与鲁卡斯将他们的宝剑收进背包，这两把剑的握柄上还钉着十字护手，看起来很像十字架。他们拿着这两把剑，实在无法神气，因为有一位女士曾恭敬有礼地问我，孩子们究竟是受了哪个基督教派的影响，为什么要随身提着十字架？我笑着反驳她："这不是十字架，这是他们的宝剑！"她看上去显得有些困惑，接着便会心一笑就离开了。

健行步道有一小段路要穿过森林，之后就向着谷地一直延伸，健行专家格拉斯勒形容这片山谷"出神入化"，真是一点儿也没错，再没有别的词语比这更贴切了。下方远处的格里德溪（Gliderbach）潺潺流过翠绿的草地，它是由无数的小泉水、小溪流及瀑布汇聚形成的。步道先从鲜翠的谷地左侧通过，再经过一片长有大型草本植物（hohes Gras，例如芦苇）的野草地，便转成下坡路，待越过溪流之后，步道便立即一路往上。

一开始，整个谷地只有我们四个人，不见其他人影，步行近三刻钟后，景色相当壮观：左侧首先出现的是维斯冰斗冰川（Weißkarferner），然后是格里德

在陡峭的山路上走了几个小时，爬上了格里德隘口。壮观的奇峰景色弥补了这一行程的辛苦

从因河谷地到多洛米蒂山脉

冰川（Gliderferner）与巨大的韩格冰川（Hängegletscher），其间已缩成一小点的霍赫法伊勒山庄就立在高处一块巨大而险峻的峭壁上，而突出于这一切的是海拔3509米的霍赫法伊勒山。眼前真是令人心醉神往的景色啊！我们深受大自然的震慑，目光来来回回地打量着这片令人难以置信的美景，每一次都感觉惊艳不已。

一片险峭的山群兀立在山谷的右侧，令人肃然起敬。顺着步道前进，走着走着又开始爬坡了！我们一路往上，抵达2644米的高处后，再朝格里德隘口（Gliderscharte）前进。当翠绿的峡谷以绝妙的风光滋养我们的眼目时，接下来在高处等候着的竟是碎石地和岩块，而且坡度还如此陡峭。当我们来到这片不毛之地，远远地看到前方几位健行者的身影时，内心实在惊讶不已。席碧勒与腿劲儿较好的鲁卡斯已走在前头，我因为不想让菲力斯一人落在后面，便停下来等他。

然而，菲力斯以怠惰的速度前行却有他"阴险"的意图。当我走在他后面时，由于他的速度过慢，我的步伐节奏无法与之合拍。另外他每隔几米就会暂停一下，由于小径很窄，他应该知道，我不容易从后面超越他，所以，可以任意驻足，不用担心会被甩在后头。一路上他不是赞叹石头的美丽、或者休息一下、喝点东西，就是——如果没别的名堂——撒尿。他会赞叹风景，对所有事物都感兴趣，容易感动，这些都是正面的，然而现在要面对九个小时的路程，我们必须向前走。后来我决定走在他前头，这样使他始终可以跟我近距离交谈，即使是在最陡的坡段也一样。但是菲力斯讲话声音很小，我一面走一面急促地呼吸，因此，不是完全听不懂他讲的话，就是听不清楚那些至少对理解句子很重要的关键词，所以必须转过

第十六天　王者路段

头问他。大部分时候，我还没喘口气呢，接着他会亲切又天真地重复他的问题，不过仍以同样的音量说着。这样来来回回经过几次，最后当我终于听懂他在说什么时，就轮到我应该向他仔细地讲解了，比方说，地球暖化对冰川的影响之类的科学知识。拜托！为什么这位小老弟从不在平地上问这些问题呢？而且我的科学知识很有限，也无法用小孩可以理解的方式表达。"爹地，你难道不能用我可以听懂的方式回答问题吗？"当然可以呀，不过，这个要求在爬坡时对我负担过重了。我怕在某个时候，我的肺直接就爆炸了。

菲力斯沉默不语，双脚磨蹭着慢慢地向上走。我告诉他，如果到了山顶，我很乐意为他做完整的解释，但是我现在急需吸一口新鲜空气，因此只能铁了心，不管他了。"裤子磨得我又痛又痒呢。"他又重新打开话匣子，但是我现在完全无法回应他，于是明显地拉开了跟他的距离。他不喜欢这样，他总找机会在我背后大声嘟囔："如果你再离我这么远，那我下次干脆一个人去健行算了！"我忍俊不禁。想想看，我们这位 9 岁的小男孩对健行的兴趣虽然日益浓厚，但将来或许有一天，他搭乘火车到南蒂罗尔，在那里独自健行，想象一下这样的情景，也未免太滑稽可笑了。因此我仍然跟他保持一定距离，既靠近又不很近，并明确地让他知道，他被裤子磨痛没什么好谈的，只有一个可能：换一条吧。于是他在以后的 10 天健行中，没有再提起他又被磨痛了。

我们继续跟陡坡奋战，汗流浃背的模样就像刚从水里起来似的。席碧勒当天在她的日记里写道："最后一段路走得很艰苦，简直要发疯了。"不过，她后来也在日记里说："对于孩子们的坚持，我真的既惊奇又赞叹。"

从因河谷地到多洛米蒂山脉

我们终于抵达。"我是英雄！"菲力斯眉开眼笑。鲁卡斯对于自己征服了这个爬坡路段感到很有成就感："好极了，今天最大的难关已经过去了。"其实他也跟我们一样，气力耗尽，疲惫不堪。我想，健行除了让我们的心灵感到幸福之外，世俗的物质享受也不能缺少；因此，我在施泰因的旅馆早就偷偷买好了"火星牌"牛奶巧克力棒，以资对他们的英勇表现之奖励。"太棒了，爹地！"他们给我的左右脸颊各回馈了一个亲吻，这是他们的报答。

我们最后一次再回望一眼霍赫法伊勒山。过去的五个小时虽然艰苦，却绝对值得。现在我们毫不费力地沿着一条小溪走了 15 分钟，这条溪流汩汩地穿过一处多石砾的高原，往格林德勒湖（Grindler See）的方向流去。我的衣服完全被汗水湿透，都黏在皮肤上了。刚好在这儿，在海拔 2600 米的高处，我想泡在格林德勒湖里放松"一下子"。对面山峰上努力攀登的登山者不吝给我掌声，不过，这些精神鼓励却无法让我待在冰凉的湖水里超过一分钟。虽然我的湖浴只是"一下子"，却彻底地驱走了所有隐藏在

泡在格林德勒湖里，真是冰凉彻骨，令人说不出话来……

第十六天　王者路段

身体各处的疲顿，我再度生龙活虎起来。

孩子们往湖里投掷石头，席碧勒和我在草地上躺了一会儿，接下来是午餐时间：几块干酪面包及小圆面包夹香肠。真是美妙的一天！山倒映在湖面中，那群登山者现在快要登上顶峰了，这时我们第一次往左侧俯瞰下方的普芬德勒山谷（Pfunderertal）。

当全新视角开启，景色总是那样地吸引人。这里真是宏伟壮丽！我们身处险峻的高山地带，但从此往下可俯瞰绿莹莹的普芬德勒山区（Pfunderer Berge），它将在我们接下来的行程里，伴随我们一路进入普斯特山谷（Pusterlal）。较之阿尔卑斯山的北侧，这里的高山地带更可爱、更迷

- **金质的"九瓶球"**

  今天经过的魏滕伯格高山牧场曾是一处金矿场，一次惨烈的山体崩塌夺去了许多矿工的生命。随之其淘金传奇突然告终。出现在许多传说故事中的那组黄金做的"九瓶球"[①]和那颗金球一直都被埋在这座金矿场的坑道内。后来因为矿坑崩塌，这套金质的"九瓶球"或许就这样被埋在了地底下，或许被矿难的幸存者拿走了。目前这座废弃的金矿场只留下冶炼厂的残垣断壁及倾颓的矿坑入口。矿难发生后，有传闻说，采矿井反复地动工又停工，不过，并没有确实的相关记录。如果有兴趣，或许可以试着进入这个矿坑，亲自寻找黄金"九瓶球"的宝藏。

  [①] Kegelspiel，保龄球的前身，它还有一个更普遍却容易引起误解的中文翻译——"九柱戏"。——译注

从因河谷地到多洛米蒂山脉

人。可以看见山坡上绿油油、绵延数公里长的草地，而在这片青草地后方的远处，就是我们明天健行的目的地——罗登角森林（Rodenecker Wald）。

在标识很清楚的下坡路段虽然走起来容易，但路程却很漫长。到普芬德还需要四个小时，我们已在那儿的旅馆预订了有早餐的客房。天气晴好，我们跟前几个小时一样，一直很幸运，几乎整天都沐浴在阳光下，因此，我们兴高采烈地继续往下方走去。当我们走到下恩格贝格高山牧场（Untere Engbergalm）前的交叉路口时，有个路标指向一个名叫魏滕伯格高山牧场（Weitenberger Alpe）的地方，孩子们很想往右拐进去瞧一瞧，因为它正位于一座已废弃的金矿区内，如果今天要绕道进去，我们已然既没力气也没时间了。

我们循着步道走过敦纳山谷（Duner Klamm），湍急的野溪将岩石切割得很深，汹涌地奔流而下。不久之后，魏勒沙丘（Weiler-Dun）出现了，这意味着目的地已不再遥远。虽然这是个好消息，此时却是个令人烦心的时刻；正常情况下，鲁卡斯是不会踩刹车的，他总是顺畅地一往直前。然而，他现在却虚弱无力，因为胃痛而背靠一棵树坐下，不想再继续走了。

这种情形对于健行而言是很平常的事。有些人刚认为自己精力充沛、干劲十足，而没过多久却已耗尽体能，筋疲力竭。此时，我们虽担心他坐下就无法再起来了，但还是一块儿跟着坐在树下，接着我们觉得腿部今天承受了极大的负担，也许我们只是缺乏能量罢了。我不情愿地试着拿出干果杂粮棒，它已随着我们几乎走了240公里，如果我可以选择的话，我还很乐意在剩余的300多公里的路程上继续带着它们，但这次杂粮棒起到了补充能量的作用。

普芬德山美景

　　我尝试着应变、调整行程，打算就在魏勒沙丘找一间旅馆过夜。我打电话向附近的居民询问却毫无斩获，看来我们必须继续走了。我向鲁卡斯保证，只要看到有卖冰激凌的，就立刻给他买。这时，我们两个大人疲惫至极，硬挤出微笑来，鲁卡斯也露出了笑容，整理一下背包，倏地站起来说："继续走吧！"

　　情况也不坏，再有一小时就可抵达目的地了。这一个小时经历的景色绝美，其中有一段路是沿着充满宗教气息的"基督受难的苦路"

从因河谷地到多洛米蒂山脉

（Kreuzweg）前进。这条路径高高地位于山谷的上方，起初是从岩石间粗略开凿出来的道路，是从前人们进入普芬德勒山谷的通道。而今它却变成一条拥有宏伟壮丽视野的健行步道，还有许多神秘莫测的分岔小径，交错地往山里延伸。孩子们可以想象，从前普芬德山区的居民为了得到走私者的货物，如何从远处辛苦地搬运货物、越过边界、穿行秘密小道的情景。

如同之前对孩子们所承诺的那样，我们在进入普芬德第一次遇到商店时，便立刻给他们买了冰激凌，这是他们应得的，是付出努力所换来的报偿；想想现在已将近下午6点钟，我们在路途中走了将近九个半小时，这让我打从心里佩服他们。现在我感到全身酸痛，除了去年往谢夫特拉恩修道院的第一个健行日不谈，自从慕尼黑一路走来，还没有像今天这样累得全身虚脱的情形。

实际上我们下榻在普芬德的一家朴实的施耐德庭园旅馆（Schneiderhof）。如果没有花园里那座巨大的儿童戏水池，它看起来就跟一般的民宿没什么两样。大人们在池边啜饮一杯拉德勒水，孩子们以其无处宣泄的精力在池中尽情地嬉闹喧哗，相互打水仗，让人们误以为，他们今天走完"王者之路"后，似乎还需要一些激烈的活动。

然而，施耐德庭园旅馆今天真的非常热闹。一个由十人组成的亲戚团到咖啡厅喝咖啡，住宿的客人都在花园里休息，此时火鸡发出尖锐的啼叫声，主人养的狗也大声地吠着。当这个亲戚团要离开时，这只狗还忠心地望着他们，而他们还特别亲切地跟它告别。或许他们早已知道，今晚是它的最后一夜。正如我们事后得知的那样——因为这只狗会到处乱咬其他的动物，因此，就在我们翌日出发后不久，便被人打麻醉剂安乐死了。

第十六天 王者路段

虽然我们已经很困倦,但饿着肚子更难受,因此被迫找地方用餐。我们走进布鲁格旅店(Gasthof Brugger),里面为了方便游客,还特地放置了一台我们的行程中少见的自动提款机。我们轻松愉快地坐在外面的露台上,等候着享用鸡肉面、培根肉丸汤(Speckknödelsuppe)及南蒂罗尔地区特有的乡土料理:油煎菠菜饺子(Schlutzkrapfen)。鲁卡斯与菲力斯在吃饭前几乎就不肯乖乖地坐着,他们按捺不住性子,先是跑去探勘溪边的矮树丛,后来又拿出随身携带的折叠式小刀,继续雕刻他们的宝剑。忽然鲁卡斯以跑百米的速度向我们飞奔而来,他把手高高地举起,血滴在地板上:"妈咪,快看,我受伤了。"他的拇指被自己的小刀深深地划了一道。老板娘用一块大药膏把他的伤口包紧,鲁卡斯既没哭也没抱怨,这实在很不真实,像是装出来的一样,让我们惊讶不已!我想,这应该就是慕尼黑—威尼斯梦幻健行的魅力所在吧。

从因河谷地到多洛米蒂山脉

第十七天

该死的罗登角森林

» 普芬德—罗讷山庄（Ronerhütte），18公里
» 预定健行时间：5小时30分钟；实际使用时间：7小时45分钟

普芬德山很值得深度旅游。人们来到南蒂罗尔地区，却很少到某些地方，如这里的健行步道。它虽然地点偏远且人烟稀少，但风景却柔和协调。普芬德山区有"三多"，草地多、花卉种类多，还有占地宽广的高山牧场多，因此素有"绿色山脉"之称。但是孩子们今天什么都不想瞧，他们情绪糟糕，闷闷不乐，因为我们不肯坐巴士去行程的下一站：芬特尔（Vintl）。"我们不想要这样，最好是搭一段巴士，然后再走路。"兄弟俩怒气冲冲地抗议。而我自己的膝盖受伤，臀部也隐隐作痛，当然可以理解这种"作弊"的小花招。不料，席碧勒却坚持要走路，令人左右为难。"既然已经都计划好了嘛，我要全程走完。"她说。她先以坚定执着的眼神，回应我想坐巴士的那几个看似充足的理由，而且坚定地拒绝诱惑，后来还不忘揶揄我："这次健行毕竟是你发起的。"

启程的时候，孩子们先是故意跟我们保持一点距离，但仅仅几分钟后就恢复了愉快心情，兴高采烈地相互讲述他们自己编的故事。只是当我们

第十七天　该死的罗登角森林

坐落在普斯特谷地的芬特尔镇

回头看着他们时,他们就本能地让脸色转为阴沉,以无声表示不满的抗议。

前四公里虽是走在大马路上,倒是相当轻松自在,车子并不多,尚在可忍受的范围。然而,走了45分钟之后,一辆巴士便从我们身边呼啸而过,孩子们双手叉着腰站在那儿,呆呆地看着巴士远去的背影。这会儿我倒很高兴,不过,不是因为我猜透了他们的心思。

从因河谷地到多洛米蒂山脉

不久之后,一位在路边割草的农夫带着满脸笑容表示对两个孩子的佩服:"什么,你们要走去威尼斯?小家伙真是奋发有为。"他似乎并不相信,不过赞美的言语却像蜂蜜一般不断地流出。沿途这两个小男孩似乎处处获得赞许。这种肯定以往也曾在山庄或旅馆早餐的时候听到过:在一群准备前往威尼斯的健行客当中,只有他们两个小孩子,这当然很特别,很容易引起大家注意。类似的故事情景在路边一再上演,一些当地人好奇地想知道,小男孩们背着背包到底要去哪里?"去威尼斯!"他们非常骄傲而有自信地回答。但是对我们来说,只是尽量走走看,能否达成我们也没有把握。至于他们向当地人说了什么,我们并不知道。"没什么啊!"他们耸耸肩,就是不肯向我们透露,即使他们已经跟对方交谈了好几分钟,但我可以确定的是,他们在这次的长途健行中,非常享受跟别人聊天的乐趣。

我们一面兴高采烈地闲聊,一面继续沿着森林边有绿荫的步道前行。鲁卡斯和我走在前头,席碧勒与菲力斯在后面。席碧勒突然发出一声尖叫,她站在原地并睁大眼睛呆视着地上。"我刚踩到一条蛇。"她惊慌失措地说着。"它咬你了吗?"我问。"没有。""那你喊什么?"她翻着白眼:"因为我吓死了。"这只可怜的动物早已闪电般蹿进了灌木丛。这时候孩子们的印象可深刻了!他们对阿尔卑斯的野山羊、乳牛、土拨鼠都已不再好奇,这些动物大概已经被一条"危险"的蛇取代了吧!

此时,孩子们发现了一处泉源,把山泉水灌满水壶成了他们的探险经历之一。"这是世界上最好的水。"弟弟菲力斯发表意见,"这种味道,只有山泉水才有。"

不久,芬特尔镇的核心区——低地芬特尔(Niedervintl)的第一栋房子

第十七天 该死的罗登角森林

以西班牙北部朝圣地为终点的"使徒雅各布之路"也经过芬特尔

出现在眼前。芬特尔镇坐落于普斯特谷地,我们几年前曾来这个谷地度假,当时从德国出发,车开了五个小时才抵达。低地芬特尔这个小城区深具魅力,许多前往威尼斯的健行者会在这儿品尝他们进入意大利的第一块比萨。我自己反而对街上的一些路标告示牌很感兴趣。向左指示的蓝色路标显示,往布伦角(Bruneck)只有18.5公里;指往右方的蓝色路标标出,布里克森(Brixen)距离这儿仅有15公里远;中间那块绿色路标告示牌则指示,往布伦纳隘口(Brenner Pass)的高速公路交流道的方向。有趣的是,在另一根柱子上则出现一块牌子,上面没有地名,而是写着芬特尔的特色贝类料理。除此之外,我还从一块路牌上发现,以西班牙北部朝圣地为终点的"使徒雅各布之路"也经过芬特尔,并一直通往米尔巴赫(Mühlbach)方向,也许下次……

我们坐在玉米田垄的草地上,拿出切片的杂粮面包及小圆面包啃了起来。孩子们心情愉快,午餐过后他们在玉米地里玩捉迷藏。这时发生了两件事耽搁了我们出发的时间:鲁卡斯不小心将剩下的防晒乳液几乎全洒了,这对我们损失可大了,因为从今天中午起,我们将走在没有树荫遮蔽的高原上,没有涂防晒乳,会禁受不起阳光的曝晒。同时菲力斯的太阳镜掉到

从因河谷地到多洛米蒂山脉

地上,起初只是表层稍受磨损,但他又不小心地踩了它一下,以至于左边镜片全刮坏了。不过我想,我们应该上路了,罗登角森林还在我们前头等着呢。

至于罗登角森林,说来话长,这是一个极为无趣之地。它令人郁闷、疲倦、恼火,还不断地令人走得汗流浃背,并使我们被迫长时间歇息,总而言之,不招人待见。它横在我们面前那段超过1100米海拔落差的上坡路上,走起来是那样折腾人,而且走在林中的视野范围变得十分狭小,实在令人讨厌。

我们一直往上走,奋战三个半小时,我们昨天在征服"王者之路"的格里德隘口时,至少可以从下方看到目标所在,而在这儿就只能一直往上,在一片绿色的"虚无"里前进,真是一种精神折磨!最糟糕的是,鲁卡斯现在已不见人影。我们刚刚发生了争执,他想把一株长在路边、外观很美的攀藤植物折断,我不准许他这么做,后来他不听劝告,执意地折断了它。对此我相当恼火,因为他把我的话当耳边风,还破坏了美丽的自然环境。他怒气冲天地一直往前走,离我们远远的。由于生气的缘故,他忘了注意应该右转的路标指示而一直往前行,现在不见了人影,喊他也没有回应。我仍在气头上,席碧勒则追在他后面,我跟菲力斯仍然走原先计划的路线。我们等了很久,直到听见手杖打在地上的声音,他们终于出现了。他们在山间足足多走了2公里的冤枉路,席碧勒为这事将鲁卡斯严厉地斥责了一顿(我绝对同意)。他自己也觉得不好受,连连跟我们道歉,除此之外,他也承认自己折了那株漂亮的藤类植物,很愚蠢,是在胡闹。

步道很陡,部分路段我们每走20米就得停住脚步喘息。席碧勒向前弯

第十七天 该死的罗登角森林

腰喘气，鲁卡斯放慢脚步，我也觉得体力不胜负荷。另外，我似乎又因为服用过量的镁剂，使得胃发生痉挛，感觉相当不舒服。

这时，只有菲力斯能淡定地以均匀的步伐，像机器人一般一步步地往上走。这也许是因为他刚刚选择喝运动饮料，而我们没喝的缘故。沿途中，令我们这位9岁的小男孩很烦心的是，苍蝇和蚊子一直在他耳边飞来飞去。菲力斯有一件事简直快把我们逼疯了：我们每次气喘吁吁地在他前面20米停下时，他真的一定得走到我们身边问："我们快到了吗？你们看到山庄了吗？"不，还早呢，我们也没看到山庄啊。带孩子出门健行总得跟他在途中聊聊什么，我们并不是要刻意停下来喘气，而是因为我们也实在走不动了。

我完全筋疲力尽，就在离目的地还有15分钟脚程的一块林地坐下，掏出午餐剩下的面包狼吞虎咽地吃起来，还心甘情愿地啃了一根干果杂粮棒。缓和了一会儿之后，我才知道，罗登角森林里的步道是彼此纵横交错的，就像网络一样，路上虽有路标告示牌，我们却还是走错了路。不过，我决定隐瞒这事。此时孩子们的心情变得很好，他们在这个森林里发现了"童话里的蘑菇"及粗大的弯树枝，后者可是做弹弓的好材料。我们仍顺着路径继续前进，突然间，我看到罗讷山庄的屋顶了。自从开始走这条梦幻路线以来，还没有一个目的地让我如此热切地向往。最后200米我们放弃了走健行步道，直接抄短路穿过一片潮湿泥泞的草地，这样会快一些。反正都可以，即使现在有一个湖挡住了我前进的方向，我也会游过去。第一要务是快点到达。在踏上山庄的露台、触摸到在阳光下闪闪发亮的啤酒杯并喝下一口清凉美味的啤酒之前，还须越过一道栅栏的门槛，然后我就可以往露台上那张诱人的木质长凳上一屁股坐下去。有人想把我从这里赶走吗？那可办不到！

从因河谷地到多洛米蒂山脉

休息日
多洛米蒂在望

呵！起床而没有赶着要去哪儿，这也是美事一件。今天早晨，唤醒我们的不是闹钟，而是日上三竿的阳光。起床后，我们闲适地走向用餐室，在已经摆好刀叉的桌旁坐下。早餐很丰盛，有水煮蛋、蜂蜜、店内自制的果酱、南蒂罗尔式的培根与干酪，以及各种不同的切片面包和小圆面包。此外，我们还吃到了美味可口的蔓越莓蛋糕。昨天下午我吃了软嫩的干酪卷，所以没有品尝这种蔓越莓蛋糕，还好，今天的早餐让我没有错失这道好吃的甜点。

小男孩们餐后就跑到外面的小型儿童游戏场玩耍去了，还踢足球。他

猎人得意地展示他射中的野鹿

休息日　多洛米蒂在望

们对于附近农家每天能提供罗讷山庄这么多的食材而惊叹不已。突然一辆吉普车驶来停住，一大群今天早上来山庄的本地人立刻向吉普车聚拢。一位猎人神气地打开后车盖，向大家展示一只他刚射中的野鹿。它躺卧在一层绿色的冷杉树枝上，嘴里被塞了一小根绿树枝。这对鲁卡斯与菲力斯来说很有吸引力，但同时他们也被吓到了！这只死鹿的眼睛虽暗淡无光，但仍半睁着，好像还活着一样。菲力斯很想温柔地抚摸这只可爱的动物，但他害怕，只能暗自神伤，因为它再也活不过来了。

经过今天一整天的休息，我们双脚的疼痛和不适已明显地消退了许多，人也感到神清气爽。昨天穿越罗登角森林后，我真是累坏了，脑子里甚至闪过放弃的念头。我实在很讶异也想不透，一座令人愉悦舒适的森林怎地就跟这一切兜在一起呢？

我偶尔会看到派特勒科费尔山（Peitlerkofel）拔尖耸立的灰色岩壁穿透云层。这种景象就是对我们坚持不懈的鼓励。我们一定会一路走下去，明天就可以接近多洛米蒂山脉了。

从因河谷地到多洛米蒂山脉

休息日
不得已的休息日

» 罗讷山庄—斯塔肯菲尔德山庄（Skarkenfeldhütte），3 公里

闹钟无情地在清晨 6 点半响起。"你们早点出发比较好。根据气象预报，下午会有雷雨。"罗讷山庄的老板昨天就已经提醒我们了。然而，在我们起床后，雨已经开始零星滴下。50 分钟后，当我们带着整理好的背包坐下来吃早餐时，大家都非常骄傲，因为这是我们从慕尼黑开始健行以来，最早把行李准备好、最早吃早餐的一天，时间上又刷新了纪录。

我们还在吃早餐时，外面已开始下起倾盆大雨。雨势这么强，根本就不用考虑动身。雨大到甚至连屋檐的沟槽都已注满且开始外溢。我走到门口，除了又厚又黑的乌云外，什么也看不见。屋外的雨下得噼啪响，我们在屋内眼看时间一分一秒地过去，如坐针毡一般。我们只好几个人玩"毛毛"纸牌游戏，一局接着一局，直到趣味尽失，再也玩不下去为止。虽然今天是我们第一次这么早准备启程的一天，然而天公不作美，我们已经在屋内待了三个小时了。

10 点半时我们受不了了。"也许雨不久之后就会停的。"我试着激励家人。只有保持乐观才是最好的方式。我们在雨中走了五分钟，鲁卡斯

休 息 日　不 得 已 的 休 息 日

处境危险的山羚羊——实际上这是一种幽默的劝世方式，让大家别破坏山区环境

脸上的表情好像在说，你干吗叫我穿着一身衣服冲进瀑布里洗澡呢？他穿着透气保暖的人造纤维（Fleece）衣服，外面再加上防水夹克，然而不多一会儿，水就开始从他的防水夹克流进了袖口。

在这种时候，大部分的步道都已变成了溪流，无法行走。我们在雨中行进，只看到一只青蛙往路边跳，雨仍然倾盆而下，能见度只有三四十米，乌云还在空中徘徊。

走了半个小时后，实在觉得这样继续走没有多大意义，刚好此刻我们看到了斯塔肯菲尔德山庄。这令我做出决定：今天再休息一天，把鞋子和衣服弄干才是当务之急。

从因河谷地到多洛米蒂山脉

第十八天
迷恋高山牧场

> 斯塔肯菲尔德山庄—毛勒山庄（Maurer Berghütte），13 公里
> 预定健行时间：5 小时；实际使用时间：5 小时 45 分钟

"今天我们 7 点半才起床。"我在日记里写下的这句话，让我想起鲁卡斯的个人意见：在这儿健行并不算度假。我们认为，以健行的标准而言，这个起床时间已经不早了；然而，在度假时，根本不存在 7 点半起床这回事。这个时间我们还在睡觉呢。

上午天气仍不稳定，气象预报显示要到中午才会转好。由于今天预计的徒步时间是五个小时，路程比较短，可以从容一些，反正我们今天不想努力地健行。草地湿漉漉的，冰冷的山风飕飕地刮着，我们将要走在海拔 2000 米的高原上，却没有足够的装备抵挡风雨。头顶上始终盘旋着像山一般巨大的云团，黑压压地正冲我们逼近，仿佛要在半小时内把我们吞噬。

能够在这种海拔高度下生长的动植物并不多。在高原上能挺立住的山松（Latschenkiefer），经受强劲山风的吹拂而枝叶蓬乱。山径则隐蔽在一大片如海洋般的蓝莓矮树丛（Heidelbeersträucher）里。天空云层不断地被撕裂，阳光从缺口中透出光线，直射山林，真是奇妙无比。我们走过雅可布

第十八天　迷恋高山牧场

斯托克山（Jakobsstöckl）那个光秃秃的小山丘，翻越陡峭的格利特纳隘口（Glittner Joch），往格利特纳湖（Glittner See）的方向走去。这一带的景色真是如梦似幻，这段路程即使再重复走一次也值得。我们往左下方远眺谷地，可以看到布伦角、恩纳伯格镇（Enneberg）的圣维吉尔村（St.Vigil），谷地上方就是海拔 2275 米的著名滑雪胜地科隆普拉茨山（Kronplatz）。

在一个弧形山顶的正下方摆着一张旧的室外庭园椅，可能是某位想观赏眼前景色的仁兄把它抬上山之后，就将它孤零零地留在了此地。只要他想来这里眺望美景，就可以舒服地坐在这张椅子上，赞叹眼前的大自然风光。就连十分活泼好动的菲力斯也禁不住这张椅子的诱惑，抢着坐上去，而且一占就是好几分钟，独自安坐着，享受这视野辽阔、壮观雄伟的景致。不过，他这种罕见的安静一下子就消失了。他发现，在许多小水洼或水坑中有数以千计的小蛙仔以独特的方式在游动。"快看，太可爱了！"他如痴如醉地谈论着这些顶多 3 厘米长、黄绿色

不知哪位仁兄将一张旧椅搬上了高山，菲力斯坐在椅子上好几分钟，安静地欣赏美妙的风光

从因河谷地到多洛米蒂山脉

的小青蛙。

根据菲力斯颇为自恋的说法,这些蛙仔在此处等候了多日,只等着被他抓在手里。当然,只有他自己才这样认为。那些被他用双手捞起的青蛙都本能地以最敏捷的速度和方式跳出他的手掌心,或躲在野草丛里爬行,或跳入水中逃命。菲力斯到头来还是两手空空,连一只都没能留住。不过,没关系,下一个水坑又将有另一波小青蛙跟他玩。

今天的健行路段风景如画,十分美丽。天空万里无云,平静无风,视野非常宽阔。如果要投票选慕尼黑—威尼斯梦幻路线最佳视觉享受的路段,我们今天这一程很可能高居排行榜冠军。

这里真是令人陶醉,魅力无穷,席碧勒和我也逐渐回复到先前对于这趟长途健行的热情。我甚至想,今年就要走完全部路程,直抵威尼斯,不过,我还是说不出口。事实上,我们跟孩子们约好,今年的这段路程到波多伊隘口(Passo Pordoi)就结束,其余的行程留待明年完成。在任何情况下,充其量只健行 15 天,没有妥协的余地。然后就到地中海的海边度假,让这两位小男生尽情地在海滩游泳戏水,作为对他们完成山区长途跋涉的奖励。唉!就是这趟健行之旅,无论怎样,我都无法说服我的家人完全配合我的意愿和想法呢。

此刻的景色会留存在记忆里,穿越高原的健行路段也在这儿告一段落。接下来位于健行者面前的是足足 50 米长、富于狂野浪漫气息的格利特纳湖。一对天鹅骄傲地在湖中游弋,后方就是深谷,派特勒科费尔山则是这幅风景画的背景。美景当前,我们多么希望此时此地能摆上一组粗犷厚重的原木啤酒桌椅,让自己好好坐下来野餐,不过,人生终究还是无法事事

第十八天 迷恋高山牧场

如愿。其实,如果不是这里太冷,强风呼啸着,令人感到不舒服,很可能我们就会席地坐下,哪里还管有没有长条形的原木桌椅!

我们今天的目的地是毛勒山庄,它本身就是个值得造访的景点。它就位于派特勒科费尔山的灰色岩壁上,拥有令人目瞪口呆的景色。山庄的服务人员亲切热心,餐点可口,客房朴实而典雅,早餐很丰盛,一个人才要价26欧元。太棒了!我们今天的时间很充裕,可以在这里喝喝咖啡、品尝撒上糖粉的斯卓本炸甜饼(Strauben),度过悠闲惬意的下午茶时光。

黄昏来临,天色渐暗,我们起身离开山庄大门口那张孤零零的长凳。此时气温明显降低,阵阵寒意随风拂来,令孩子们无比喜爱的山羊、母鸡及小农舍的其他动物此刻统统也要进入圈内。眼看一阵猛烈的雷雨即将到来,

● **斯卓本炸甜饼**

南蒂罗尔传统的甜点斯卓本炸甜饼(Strauben)已经不容易吃到了。这道口感松脆的点心很好吃,在此提供相关的做法,以免失传。将200克面粉、20克液态奶油、250毫升鲜奶、20毫升烈酒及三颗蛋黄充分搅拌成黏稠状面糊。把三颗蛋白和一小撮盐巴打成蛋白霜后,混入面糊里。接着将面糊倒入挤花带,并以绕圈的方式挤入放有热油的平底锅内,使之形成一张圆形的网状饼,盖上锅盖,继续油炸直到面团呈金黄色为止。炸好后取出,放在吸油纸上吸除多余的油,并撒上糖粉,再淋上几匙的蔓越莓果酱(Preiselbeermarmelade)。最后再静置五分钟,等它完全冷却后,就可以开心地享受这道意大利阿尔卑斯山区的甜点了。

从因河谷地到多洛米蒂山脉

两位年轻的健行客在雨刚滴下时就及时地冲进了温暖的餐厅。他们是一对兄弟,阿克塞尔(Axel)与费力克斯(Felix)。他们穿着一身黑衣,带着少得惊人的行李,在路上虽也雄赳赳、气昂昂,但对我们来说,他们根本就是两个疯狂的大男孩。他们原本计划 14 天的健行路程,却用了九天就从慕尼黑走到这里,真是令人难以置信,因为在正规行程当中,有三段路每天至少要走八个小时。几乎没人想问,他们今天打哪儿来的,他们的回答更是让人跌破眼镜:"从普芬德。"这个回答让我们惭愧得无地自容。普芬德是我们大前天的出发地,我们从普芬德花了一天才走到罗讷山庄,在罗讷山庄休息一天,又被大雨耽搁一天,然后再花一整天才走到这里。我们怠惰的心态对他们而言,也同样无法理解。

费力克斯是阿尔卑斯山协会维恩海姆(Weinheim)分会的义工,也是青年部负责人。他偶然在一家书店里发现了一本《慕尼黑—威尼斯》健行指南。"我立刻确定,这是我必须做的事。困难却在于,要找个有 30 天空闲时间,身体健康,体力充沛,另外最重要的是,我们真的乐意一起同行的人。好吧,我目前没有女朋友,而我弟弟还算有意愿。"一趟长途健行下来的附加效应是——后来费力克斯才体会到的——"这个旅程让我们兄弟俩的关系更加紧密、更加亲近了。"

我们在餐厅里又多坐了一会儿,便回房间休息。菲力斯躺在一张特地架在瓷砖壁炉的木床上,舒服又温暖地看"唐老鸭"的故事书。鲁卡斯沉迷于一本漫画书,好几个小时都不跟人交谈。就寝前,我们收到乌塔和玛莉娜传来的一则令人振奋的短信:"我们相信,我们即将走完这条梦幻路线。"这两人打从一上路开始,就没有强迫自己非得走到威尼斯不可,而此

第十八天　迷恋高山牧场

刻她们已经快到威尼斯北部的贝卢诺市（Belluno）了。

今天的气氛很特别。首先是我们的心情经历了非常极端的变化：上午因为天气不稳定，根本不想出发；下午则受到自然美景的感动而在精神上处于完全亢奋的状态；傍晚抵达毛勒山庄后，坐在正门前的长凳上欣赏派特勒科费尔山的风光而陷入了一种沉思。在毛勒山庄，我们才第一次真正意识到，我们已完成格拉斯勒为这条梦幻路线所规划的28天原始路程中的14天路程，也就是说，我们现在已经完成一半了。席碧勒努力地回想着，我们到底是在什么时候决定要走这条梦幻健行路线的。"怪了，我现在也记不起来了，反正就是在某个时候，我们就决定要带孩子们上路了。"这真是特别，连我自己也想不起来，什么时候决定要全家出动，来一场徒步远征，翻越阿尔卑斯山，到达亚得里亚海岸的威尼斯。我们今天只明白一件事：无论如何，这都是个很棒的点子，这条健行路线竟带给我们如此多的经历。

从因河谷地到多洛米蒂山脉

第十九天
绕行派特勒科费尔山

» 毛勒山庄—施吕特山庄（Schlüterhütte），9 公里
» 预定健行时间：3 小时 45 分钟；实际使用时间：4 小时 45 分钟

意想不到的小礼物：阿克塞尔与费力克斯已再度上路，却在早餐桌上留了一张画给我们，上面还写下祝福的话语，希望我们在接下来的健行日子里一切顺利。后来我们得知，这两兄弟从慕尼黑健行到威尼斯一共只花了 19 天。

今天的路段预计需要三小时四十五分钟，行程并不紧凑。我们决定要给自己多一点时间，从容地享受健行的乐趣，而非一味地赶路，把自己逼得喘不过气来。今天宏伟壮丽的景观大致只环绕在一处山头：海拔 2875 米高的派特勒科费尔山。它虽只是多洛米蒂山脉西北端的一座高山，但对我们这些生活在平地的人而言，它那灰色的巨大岩体及雄伟庄严的双峰令人深深着迷，因此，我们必须让自己的目光从这样的美景中转移开来，才能专注地健行。

走上维尔茨隘口（Würzjoch）时，举目所及的是大型的度假旅馆、大型的巴士停车场、混乱的交通、发出哒哒声响的摩托车以及拥挤的人潮。其

从今天开始踏进多洛米蒂山群的神奇世界

中一群人要跟着神父参加一场山区的弥撒,另一群人忙着在旅馆办理住房或退房手续;其余的人则带着全套登山健行装备,准备从派特勒科费尔山的山脚下出发,征服眼前这座高山。此时我们有感而发,如果那条通往位于奥地利和意大利边界的普菲彻隘口的公路不是终止于隘口前,能继续往前到达奥地利境内的话,那个向来孤寂的隘口就会立刻吸引大批游客,顿时变得热闹非凡,成为另一个维尔茨隘口。

我们拐进一条小路,这条路径走起来很舒服,后来却越来越窄,也越

从因河谷地到多洛米蒂山脉

来越陡。走了一段时间之后,便到了一段很长的下坡路段,我们一步一步地走下去,大约半小时之后,岩质的派特勒隘口(Peitlerscharte)便出现在眼前。隘口上头的景致动人心魄:阿费尔盖斯勒山(Aferer Geisler)、盖斯勒山群(die Geislergruppe)、卡普奇纳峰(Kapuzinerspitze)及山谷的聚落坎皮尔(Campill)构成了一幅壮观的高山风景画,其中还有高山牧场、鲜绿的青草地及一些小木屋点缀其间。

穿越隘口之后,步道比较好走,虽是上行路段且坡度略陡,需要停下来休息好几次,不过整体上可以较轻快地步行半个小时,便到达今天的目的地——施吕特山庄。我们在下午2点抵达山庄,这比原先预期的还要早。这时我们的精力仍相当充沛,因此斟酌着是否接着走完明天的行程,因为明天的目的地普艾慈山庄(Puezhütte)距离这里只有四个半小时的脚程,这在理论上是办得到的,况且我们之前因为下雨而多休息了一天,刚好可以借这个机会把它补回来。然而,此刻的天气并不稳定,环绕着盖斯勒群峰的厚云层虽一直被风吹散,而新的乌云团却又快速地聚集在一起,我们根本无法预测天气会如何变化。

另外,孩子们不停地抱怨发牢骚。"今天真的不想再走了。"菲力斯说着,率真的眼神也流露出为何他真的想待在施吕特山庄,"下头那儿有好大的秋千呢。"其实他早就发现,施吕特山庄前面有一些大型的娱乐设施,而且这些都比自然风景有趣得多,哪有可能再花四个半小时走路。"嗯,我也是,无论如何也不想再走了,即使(被丢下)必须单独一人在这里过夜,也绝不离开。"鲁卡斯看来也没有妥协的可能。矗立在眼前的攀岩设施及钢缆索道让我们最后做出决定,就让孩子们在这里尽情地玩耍吧。事实上如

第十九天 绕行派特勒科费尔山

从派特勒科费尔山走向施吕特山庄的路上

从因河谷地到多洛米蒂山脉

在施吕特山庄荡着秋千看山景

果暴风雨来了,玩这些设施同样有危险,不过我们还是决定留下来。连同今天在内,我们这两天的行程比较松散,只走半天,另外半天无所事事。话又说回来,这也没什么不好。同一段路程分两天从容地走完,好好地享受沿途美景,总胜过匆忙赶路的一天。实际上,这正是我们所要的。今天下午我们避开可能的闪电与雷鸣,留下来悠闲地享受卡布奇诺咖啡,还有山庄自己烘焙的、浇上香草酱的苹果卷(Apfelstrudel)。我想,这应该是个正确的决定。

施吕特山庄看上去有些戒备森严,却也富于魅力。它位于海拔2306米处。这栋四层楼高、沿着山坡兴建的房屋空间虽大,但井井有条,让人觉得舒适。原木装潢的大厅连同那个传统旧式风格的、使用大量玻璃建材扩建的小空间——类似"冬季花园"——吸引着许多留宿的客人在这儿久坐。

由于这里有时必须一天接待将近一百位旅客,因此管理比较严密。晚间6点半住宿的旅客必须准时到餐厅进餐。孩子们想点的餐食总是那几样,

第十九天　绕行派特勒科费尔山

不外乎炸猪排、意大利面、胡桃仁葡萄蛋糕（Kaiserschmarren）及牧羊人通心面等，而所有对健康有益的食材，却可能不合他们的口味而统统被排除在外。通常我们不会每天都点同一道料理或点心，然而小孩子却可以接受，并不嫌腻味，而且还可以连续14天都不必变换口味。哥哥鲁卡斯每天都以第一次尝鲜的语气兴奋地问："有牧羊人通心面吗？"弟弟菲力斯总是想把胡桃仁葡萄蛋糕当成正餐，即使我们要他理智一点，每次都跟他解释，健行期间不要在有机会吃热食的时候只点甜点。"虽然如此，我还是要吃。"他说。不过在每次讨论过后，他大多会让步，至少肯喝一碗肉丸汤（Knödelsuppe），然后我们一起吃他点的那份胡桃仁葡萄蛋糕。这个9岁的男孩能在餐点上让步，让我感到特别欣慰。

当施吕特山庄客满时，活脱脱就像一只养蜂人的蜂箱，到处人来人往，嘈杂喧腾，并夹杂着孩子们的童言童语。在这里，我们可以感受到欢快的气氛，这是最棒的。

我们用晚餐时，还认识了几位同桌的客人：一位年龄近50岁的父亲和他18岁的儿子结伴健行这条路线，后来在路途中，一位通常独自健行的女大学生加入了他们。这三个人相处得很好，因为彼此可以相互配合，沿途组合成一组徒步旅行。还有朵莉丝与茵娜这对姊妹花，一位27岁，另一位30岁，她们也跟先前我们认识的那对兄弟一样，因为翻阅了《慕尼黑—威尼斯》健行指南而决定付诸行动。成年之前，她们一直住在同一间房间，一起生活了十七年，一起经历并克服成长中青春期的高潮和低谷。现在她们一个住柏林，另一个住法兰克福，由于工作的缘故，一年只能见几次面，因此，她们想借这次的健行好好相处、谈心。"当然我们有时也会起口

从因河谷地到多洛米蒂山脉

角,"茵娜小心谨慎地说着,这时她的姐姐刚好不在位子上,"但很快我们又彼此合好了。"

一家四口,两个大人两个小孩,一起走在这条欧洲的梦幻健行路线上是很特别的,但是要在旅途中维持家人之间的和谐并不容易。我们的小男孩们总是在我和席碧勒已经不再坚持什么的时候,表现出他们倔强的一面。比方说,他们经常为了今天谁可以睡双层床上铺而争吵不休。"我昨天是睡下铺的。""你说谎!""你自己才是该死的说谎成性。""妈咪,他骂我。"类似的争吵也会出现在跟父母针对健行意义的讨论中,他们通常喜欢讨价还价地说:"坐车有多好啊!"讨论有时上升为争吵。争执到最后,他们往往会跟父母撂下这句话:"是你们想健行,我们从来就不想健行。"

弟弟菲力斯是一个特别的例子。他在路途中总是说:"妈咪,我不行了,没办法了。"然后就一屁股坐下去。这种事情几乎每天都会上演,已成常态,而且他很会察言观色,知道妈妈比较好说话,所以通常只会折磨席碧勒一人。至于他那位正在孤寂的高山世界里享受沿途自然景观的老爸,充其量只会给他理性的回答:"我了解了。那你有什么建议吗?就在旷野、就在这深山里过夜?接下来直到天黑我们要做什么呢?马上要变冷了,我们吃什么呢?没有热食啊!"我现在写下这几行时,还会不由自主地发笑。当然,席碧勒面对菲力斯的无理取闹时,通常会尽量说些安慰的话,这也许是比较好的方式,而且能帮助他克服困难。然而,其实菲力斯跟父母闹意见背后的动机,可能只是想得到一个拥抱而已。我期许自己未来能对孩子们有更多的同理心。

健行期间,孩子们每晚所期待的精彩时刻,就是听爸爸讲海盗的故事。

第十九天　绕行派特勒科费尔山

这一开始有点困难,大家坐在床边时,我先想出几个关键词,如"金银财宝""神秘可疑的海港""袭击"等,即兴创作出一个十分钟的故事。后来,逐渐地故事编得流畅起来,故事也有起伏的情节,孩子们听得津津有味,获得许多乐趣。让这两个男孩能带着满脑子的幻想故事入睡,这不是很美妙吗?现在我们愈来愈明白,一家人能一起出门远行,是一件多么值得珍惜的事啊!

从因河谷地到多洛米蒂山脉

第二十天
充满享受的高山旅程

- 施吕特山庄—普艾慈山庄（Puezhütte），10公里
- 预定健行时间：4小时30分钟；实际使用时间：5小时45分钟

当我们在9点钟左右启程时，施吕特山庄几乎已没什么人了！一小时前，上百双登山鞋还摆在前厅烘干，此刻鞋子早就随着主人上路了，在餐厅里只留下一丁点儿刚刚还充斥着的欢乐气氛。施吕特山庄的早餐时间并非安静无声，大伙儿并非半睡半醒没劲儿地用餐，而是神采飞扬的，话匣子一打开就停不下来了，四处都可见闪闪发亮的眼睛及近乎天真单纯的欢乐，期待着新的一天能有满满的经历，好像大家都在今天过生日似的。

我们今天继续步行前进，景色眺望起来也很雄伟壮观！在北边，一大片山谷及青草地的背后高耸着派特勒科费尔山；南方则矗立着似乎无法被人们征服的普艾慈山群（Puezgruppe）；右侧是山棱线条锐利分明的盖斯勒群峰。近处的多洛米蒂山脉西端的施勒恩山群（Schlerngruppe）拥有数百座，不，数千座陡峭的山峰与山岭，它们的海拔高度动不动就逼近3000米，一片石砾山丘依附在群峰的山脚下并朝外延伸，而我们今天必须精确地从其间穿过，不过，我们实在无法一眼就能找出群峰中那一条可以让人

壮丽的自然风光令人驻足

们穿越的路径。通过更仔细的观察，我们终于看到了在一大片石砾冰斗（Schuttkar）上有一条狭长的Z字形小径。就在我几乎吓出一身冷汗时，菲力斯仍旧用他那副酷样回应我："看起来并不那么糟糕啊！"好极了，我可什么都没说。

　　一开始我们先走过一片青草地并翻过一处绿油油的、平缓的山脊。步道的左右两侧长满茂盛的小白花——高山火绒草（Edelweiß）。当菲力斯轻

从因河谷地到多洛米蒂山脉

触小白花那细嫩柔滑的花朵茸毛时,还惊奇地叫着"好美啊"。至于为什么他当时要摘这朵花,他并没有多说什么,反正就是喜欢,想要拥有它,他并不想找借口来为自己辩解。

我们惊讶于昨天因为多一点享受与休息,以至于今天能有如此可观的耐力。在 Z 字形步道上踩着砾石爬坡前进,这对于健行者的体能是很大的挑战,但是我们进展得很顺利。抵达海拔 2616 米高的罗阿隘口(Roascharte)时,映入眼帘的美景比前几天所经历的更吸引人。然而,我们必须在这儿做一个决定:左侧的步道沿着一段岩壁一路往上,后来坡度陡到必须攀岩才能上去;第二个选择就是我们眼前的下坡路段,必须先往下走半个小时进入罗阿山谷(Roatal),然后再爬坡走到锡耶勒隘口(Sielles-Scharte)。由于一星期前那位荷兰女子就是在下坡路段发生坠落的意外,至今仍让我们心有余悸,于是我们选择看起来较无风险的攀爬方式,很快地走到以四条钢缆绳固定好的位置,准备开始爬坡。

攀爬海拔 2616 米高的罗阿隘口十分费力,我们挥汗如雨

第二十天 充满享受的高山旅程

我们抓住钢缆绳,双手交替地往上攀爬,身后则是下行的陡坡。"我要你们全神贯注在自己身上,"我提醒孩子们,"现在不准聊天了。"菲力斯这时又有意见了:"这种难度不高的攀岩,我不需要安全防护也能办得到啊。"但我已被坠落事件弄得很敏感,便直接说:"你抓紧绳子,不要讨价还价!"攀岩向上其实并没有想象中那么困难。不久之后,我们全部都抵达了上面的步道,我们很高兴,现在的路又变得平坦起来了。

通往格吕德纳隘口(Grödnerjoch)的步道,是整条梦幻健行路线中令人印象最深刻的路段之一,我认为它可以名列第二。在普艾慈群峰下,沿途庄严雄伟的景观值得我们花两三个小时的时间怡然自得地缓步慢行。这里是一片宽广而多石的高原,可以找到许多动植物化石;同样引人入胜的还有色彩缤纷、形态各异的火山岩碎块,相当独特。

菲力斯以恳求的目光想要说服我,让他带走一块足足有两公斤重的石头,那是他在火山岩中找到的。这块长条状、带着砂岩色泽的岩块看起来很独特也很美,菲力斯试图说服我:"一来,我们只剩下三天行程;二来,我想把它摆在书桌上,"他说,"这可以帮助我学习。每次当我无法集中精神时,就看看石头的下半部分,就像在爬山时会俯瞰山谷一样;当我可以集中精神时,就看看尖顶的部分,然后我会想象着我走在高山上。"虽然我只部分地同意菲力斯这番话的逻辑,我当然知道他讲的话不甚切合实际,完全是想讨我欢心,然而我还是让步了。这颗石头确实可成为这次健行的永久回忆,值得把它背回家。当我说"好"的时候,菲力斯雀跃不已,他紧紧地抱住我。我非常仔细地跟这个滑头小子一起观察这块他所发现的、长条状石头所处的位置及周遭环境,即使我现在已吃力地扛着它走,我仍

从因河谷地到多洛米蒂山脉

要菲力斯记得这块火山岩石块最初产生的地方,要记住它的来源。我用眼角偷瞄这个小捣蛋鬼的神态,以确定他没有在奸笑,因为他毫不费力地说服了我,让我替他背石头。我曾因为背包重量的因素,而将电动刮胡刀等用品都寄回家去了,并忍受着因此带来的不方便。想不到我现在却甘之若饴地背这块石头,我觉得自己很像法国漫画《高卢英雄传》里的主角欧伯力斯①,他不也是背着一小条长形的辛克尔石②四处游走吗?

这高原相当吸引人,因为它自冰河纪时期就受到冰川的磨蚀,形成了一条 700 米深、两侧崖壁陡峭呈 U 形山谷——朗恩山谷(Langental)。山谷后方的村落就是云石村(Wolkenstein),它是格吕德纳山谷(Grödnertal)最外围的村落。美景当前,我们干脆坐下来,花几分钟时间欣赏眼前山谷的景致,并俯瞰山谷的另一侧,我们明天的目的地就在那里:格吕德纳隘口以及它后方雄伟的塞拉山(Sellastock)。

忽然鲁卡斯停住脚步,紧张兴奋地挥手示意让大家过去。在他面前不到 3 米的石块间,有一只大土拨鼠往上探出头来与他对视。它一点儿也不害怕,时而缩头回穴,时而探头露脸。当我们所有人都站在它面前时,它却悻悻然地缓步走开,好像我们围着它看、拍拍照片,惹它讨厌似的。"太棒了,我们能这么近距离地接近它。"菲力斯高兴极了。无论如何,他是今天心情最好的人了。在如此美丽的高原上健行还可以有奇遇,对他来说,真是乐趣无穷!这时我们往右侧瞧,已经看到今天的目的地普艾慈山庄。

---

① Obelix,法国及欧洲家喻户晓的漫画人物,1959 年出版的《高卢英雄传》的主人翁,他在漫画中的身份就是一名长立石供货商。——译注

② Hinkelstein,长而能直立的石头,即长立石。尺寸从小到大都有。——译注

朗恩山谷两侧陡峭的岩石壁给我们留下深刻的印象

　　我们在下午3点半抵达普艾慈山庄。山庄的建筑物有着七十年的历史，里面那个贴有瓷砖的交谊厅相当嘈杂，让人觉得不舒服。幸好我们到的时候，还有时间在户外坐下来晒晒太阳，这无疑是美好的。另外再来一杯卡布奇诺咖啡，一个充满梦幻的健行日就这样接近了尾声。鲁卡斯拿着他的

从因河谷地到多洛米蒂山脉

回望普艾慈山庄

MP3播放器偷偷地溜进交谊厅,我感到这相当讶异、可笑:一来,他放弃夏日傍晚舒适温暖的阳光;二来,他竟跟一群正在玩牌及喝酒的巴伐利亚人挤着坐在一起。

他们已经喝高了,在开怀大笑、打牌、聊天甚至大吼大叫,但鲁卡斯仍不为所动地坐在旁边,聚精会神地听着MP3里的侦探故事。

稍晚些时候,席碧勒正在看书,菲力斯便跑到一条小溪边寻找矿石和化石。这条小溪的水量少,只比涓涓细流要多一点,因为水位下降而显露出新的岩层。菲力斯神清气爽地跑来,"快看。"他递给我一个相当值得珍视的、数万年前死亡且被石化的蜗牛。这个发现让我很兴奋,我们便一起在岩石底下、碎石堆里及冰冷的溪水中四处搜寻,期待着还能再找到其他的化石,时间绝对超过一个小时之久。我们多次发现鹦鹉螺化石,还找到一些漂亮的矿石,如黄色或红色的火山岩石块及水晶块。菲力斯挑明了说:

第二十天 充满享受的高山旅程

"这些我都要带走的。"他暗示我,希望我仍乐意帮他,却遭到我严词拒绝:"我已背了你的那块大石头了。"

晚间6点半准时开饭。每个人都必须到柜台排队,并用托盘取餐,就像在食堂一样。不守规矩在这儿可是行不通的。然而晚餐后不久,交谊厅的噪音分贝已经超标,让人无法忍受,我只好和孩子们再次出去散步。暮色微微,我们花了15分钟登上山庄旁的一座小山坡,与其他的高山尖峰不同,山顶上长满青草,弧形的山顶只可容下三四人。

虽然上坡的路段很陡,让我们出了一些汗水,但雄伟壮阔的风景就是奖赏。我们将目光投向远处,越过那道深凹槽(就是冰川在高原上切割出来的朗恩山谷)看到了云石村。我们的后方耸立着海拔2725米高的普艾慈科菲尔山(Puezkofel),往南则看到了明天健行路程的一部分,包括那至高无上的塞拉山。炽热火红的太阳下山了,我们投宿的普艾慈山庄就在脚下,这个时刻周遭一片寂静,只有两个小男孩和我,三个人手挽着手,目光注视着日落的景色,每个人都在自己的世界里默想着,这正是我们这趟健行最真实的时刻,令人永难忘怀!

从因河谷地到多洛米蒂山脉

第二十一天

攀登塞拉山

» 普艾慈山庄—皮斯奇亚督湖山庄（Pisciaduseehütte），11公里
» 预定健行时间：4小时30分钟；实际使用时间：6小时30分钟

　　早晨约莫6点45分，山庄里就开始响起躁动的声音。山庄老板在交谊厅的隔壁忙着整理锅碗瓢盆，发出碰撞的声响；还有楼上的旅客急忙收拾行李、打背包、穿上他们笨重的登山靴往楼下走时传来的一阵阵隆隆声，我们早就习以为常了。

　　这期间我们的背包因多装了许多石头而变得沉重，但是我们现在必须撑住。最迟在波多伊隘口，也就是两天后，今年的健行之旅就结束了。然而如果天气不捧场，我们今天就会坐车回去。我们动身后，从容惬意地穿过高原，往钱派隘口（Ciampaijoch）走去，沿途巍峨宏伟的山景一路陪伴着我们，但无论如何，我们都必须再加快步伐。绕过朗恩山谷的后半端，我们非常高兴能够俯瞰谷底深处数公里长的峡谷奇观。此外，还有介于克雷斯派纳隘口（Crespeina-Joch）、奇尔隘口（Cirjoch）及通往格吕德纳隘口的下坡路段之间的景观步道，沿途的自然风光也令人心驰神往。陡峭的岩石尖角、狭窄的奇尔隘口上那座以五针松树干为主体、以树枝为横

第二十一天 攀登塞拉山

站在雄伟壮阔的格吕德纳隘口上

臂、非正规造型的十字架、深邃的峡谷以及望之令人肃然起敬的塞拉山（Sellamassiv），都是多洛米蒂山脉令人印象最深刻、让人最想拍照的代表性景点。

不久之后，难题又出现了：孩子们不想继续走了。这多半也出于我们

从因河谷地到多洛米蒂山脉

的疏忽,我们在整体尚未规划清楚前,就漫不经心地跟孩子们提到,如果今天天气不好,就从格吕德纳隘口离开,坐车回家,所以他们现在鬼迷心窍了。然而在这个美妙的夏日,太阳高挂晴空,我们当然得继续走完今天的路程。但是,孩子们却想回家了,而且是马上就要走。鲁卡斯已完全失控,气得不得了。"我不想再走了。"他一面哭,一面宣布。菲力斯也一样,豆大的泪珠滚下他那可爱的脸庞。"我们非常希望能够停下来。"鲁卡斯大声抱怨,他不只想回家,而且还想象自己已经在海边度假了。

对于我们大人来说,长达13天的长途健行已是一大挑战,而自然风景对孩子们并没有太大的吸引力,因此,要让孩子们愿意继续前进是难上加难的事。我觉得,他们这十几天情愿跟着我们一起徒步旅行,无论如何已经很了不起了。当我向他们解释,今天我们只要登上背后的那座高得如此令人讶异的塞拉山,明天无论如何一定回德国时,这番话还是无法安慰他们。就在这时候,鲁卡斯惊奇地仰望塞拉山巨大而挺拔的岩石。"我们从来没有登过这么高的山。"说着说着他又开始抽噎起来。我能理解鲁卡斯做出的反应。

谁若到达格吕德纳隘口,当塞拉山就在你眼前时,至少你会明白,只要再付出一点辛劳,就可以登上塞拉山。所以我小心翼翼地哄这两个孩子,"如果你们愿意从格吕德纳隘口继续走,我就到下面的杂货店给你们买冰激凌。"我只能诱之以利,因为实在想不出更好的方法。这招通常很难起作用,没想到这次竟然奏效。他们"仁慈"地跟着我们去杂货店,带着一脸责备的神情,从冷冻柜里敏捷地搜出两支最大的冰激凌。我们也买了巧克力沾酱饼干,以此作为对孩子们登顶的奖励。就在这时云层又变黑了,我

塞拉山群峰中的波埃峰是多洛米蒂山脉最壮观的景观

自问,奖赏还起得了作用吗?所幸,瞬间天空又变得万里无云了(心里真是七上八下)。哦,不!突然,开往谷地方向的巴士出现了,孩子们看到巴士又闷闷不乐起来。

我们必须穿过格吕德纳隘口才能登上塞拉山,这个隘口看起来几乎是

从因河谷地到多洛米蒂山脉

垂直矗立在我们眼前,这真叫人心生恐惧。尽管如此,我们仍坚定地前进。首先我们必须越过一大片布满碎石砾般的冰斗,然后来段攀岩,抓住钢缆绳,循着岩壁朝天攀爬。

稍后我们在路途上也看到有很多人,特别是看到他们带着那么多的装备,令我们瞠目结舌。这附近的皮斯奇亚督湖山庄(Pisciaduseehütte)就如同普艾慈山庄,是许多意大利人周末度假或出游的热门地点。登高与郊游毕竟不同,在这里登高已有一定的难度,并且需要绳索提供安全保护。我们看到一个意大利人的大家庭,他们的脚上穿着海滩拖鞋,把狗夹在腋下就使劲地抓着钢缆绳往上攀爬。对他们来说,或许再携带一箱啤酒、一台收音机及一张日光浴用的躺椅来攀顶也没问题。相反地,另有一个操德语的南蒂罗尔人的小家庭,他们一家人都穿着全套的攀岩服装朝我们迎面走来,这就显得有些夸张了。此时这条步道已开始转为下坡路,必须往下一二十米,不过,走起来并非完全没有危险。登山的时候还是人越少越好,情况会比较单纯;但此刻这里的情况是人们摩肩接踵,挥汗如雨;一群人要从上面下来,而另一群人则要从下面上去。这时如果有一个人跌倒,所有人就会不由自主地跟着玩起多米诺骨牌了。

通过隘口,登上塞拉山之后,感觉更舒适。我们虽已满身大汗,仍满有兴致眺望,令人心驰神往的景色正是对我们辛劳的报偿。我们可以看到两处塞拉高台(Sella-Hochplateau)中较低矮的高台,以及我们下方深处的格吕德纳隘口。另一侧还有奇尔群峰(Cirspitzen)高耸入云,在它之后的则是普艾慈科菲尔山——几小时前,我们才从那里出发,真是难以置信!人们在健行时走得真快,这一直都是对我们的鼓舞。接下来,我们只要往

第二十一天　攀登塞拉山

下走，在地势较低的塞拉高台再步行几分钟，就可以在群山之间看见今天的目的地：皮斯奇亚督湖山庄了。

塞拉山上有着特殊的月球地貌的景观（Mondlandschaft），如此稀有奇特，甚至让席碧勒非常喜爱。通常这种不毛之地她根本不感兴趣，她喜欢的是绿油油的草地与坡度平缓的小山丘。此刻她对这植被稀疏的高山确实留下了深刻的印象，之后她在日记里这样提到："这里虽然荒凉，但不知怎的让人觉得很棒呢！"

我们继续迈步向前，极具魅力的皮斯奇亚督湖山庄便映入了眼帘。山庄有个很大、洒满阳光的木造露台，从那儿朝外眺望，可以看到皮斯奇亚督湖。这是一个用于发电的小水库，如高塔般的塞拉山群峰倒映在水中。山庄的露台很吸引人，即使久坐也不厌倦。两个小男孩喝着热巧克力还拿着饼干蘸着巧克力酱（我实在无法消受这种零食）吃得津津有味，席碧勒和我则喝卡布奇诺咖啡，并享用浇上香草酱的苹果卷这道我们钟爱的甜点。我们是幸运的，这会儿阳光灿烂，否则在海拔2585米的高处，如果太阳不露脸，即使在白天也会让人感到寒冷彻骨。孩子们走在湖边探索着，往水里扔石头，还踢足球。足球，我们一直带着它，沿途大部分的"足球场"都是斜坡，后来就很少拿出来踢。

我和席碧勒今天处于一种放松而且非常舒适的状态。我们在山庄周围散步，或坐在石头上久久地眺望远方，轻松而频繁地和孩子们聊天。也许塞拉山真的是一个充满神秘魔力的地方，站在高处并远离世间的烟尘，比待在狭长的山谷里更能让精神变得高洁吧。

我们这一家人都很清楚，今天下午是我们这一旅程在山里度过的最后

从因河谷地到多洛米蒂山脉

时光。一方面,我们对于明天要告别多洛米蒂略有感伤;另一方面,又对我们自己所克服的种种挑战深感自豪。过去这13天的健行,对于我们这些居住在城市里的人而言,真是一场不同凡响的经历。我们心满意足,并惊喜于这个疯狂的点子——带着两个孩子从慕尼黑走到威尼斯——竟能持续至今。

我们11月到南欧度假,后来搭飞机返回,飞机在萨尔茨堡(Salzburg)降落前,曾短暂沿着穿越布伦纳隘口的高速公路平行地飞着。我从飞机的窗户指着下方的因河谷地及我们第二阶段路程的出发点图尔费斯(Tulfes)让孩子们看,他们终于对这次健行远征的全貌有了大致的概念。"这真是疯狂,太不可思议了,"菲力斯根本无法相信,"我们竟然徒步走过那里。"孩子们终于明白,这14天我们到底走了多远。在这个时刻,他们发现自己已爱上了高山及这条穿越阿尔卑斯山的梦幻路线。

我十分确信,这条健行路线会一直留存在孩子们的脑海里,成为永不可磨灭的记忆。我认为,他们以后还会再来重走一遍,甚至带着自己的孩子上路。"不,不可能,"鲁卡斯被激怒了,"我才不会发疯呢!"菲力斯在一旁什么话也没说,他不确定以后会出现什么变化。

我们在山庄留宿的最后一夜就要画下句号。我们知道,只有在山里共同生活和行动,我们才有可能让家庭成为一个紧密的、情感相依的整体。往常在家里我们总是为大事小情忙碌,每个人都要尽到他该尽的义务时,难免被牢牢地牵绊。然而来到山上,家人在一起紧密地相处和互动,再也没有牵绊和干扰,再也没有逃避的借口。

我和席碧勒再一次走出山庄的小屋,满心赞叹着夜幕中的塞拉山群峰

第二十一天 攀登塞拉山

的壮观，以及闪耀着月光倒影的皮斯奇亚督湖水。这是个寒冷的夜晚，却有星斗满天、明月高挂。山庄的老板此刻也坐在露台上。我们三个人沉默地感受着眼前这迷人的时刻，一切尽在不言之中。这地方真是个非比寻常的宝地啊！山庄老板即使已经在这山头生活了几十年，但每天都会重新发现它不一样的新奇和壮观，并沉浸于周遭魔幻般的氛围里。

从因河谷地到多洛米蒂山脉

第二十二天
登上第一座三千米高峰

» 皮斯奇亚督湖山庄——波多伊隘口（Passo Pordoi），9公里
» 预定健行时间：5小时；实际使用时间：6小时30分钟

我因一束红光透进房间而苏醒。事实上我们打算在6点半起床，这时还不到我预定起床的时间。我从窗户向外远远地望去，瞬间一瞥真是令人难忘：日出了，虽不见那一轮火球，但参天高拔、陡峭危耸的岩壁却已被东升的旭日染上颜色，泛着红光。旁边的塞拉高台及其身后的皮斯奇亚督湖同样沐浴在晨曦中，每一角落、线条、形体全被照得红彤彤的。我凝视着，目光几乎舍不得移开。现在我终于相信，德国知名的灵疗师和登山家海因兹·格立尔（Heinz Grill，1960—　）一直以来所强调的："人们是可以与山峦有通感的。"

今天是这次长途健行的最后一天，我们在客房里最后一次整理背包，孩子们这次对于他们所应做的事情可以完全不假他人之手，独立自主地完成了。我热切地渴望以塞拉山的波埃峰（Piz Boè）作为我生平第一座成功攀抵的3000米以上的山峰。菲力斯对此很感兴趣；席碧勒则是一贯抱持怀疑的态度；而此时鲁卡斯满脑子除了克罗地亚，还是克罗地亚，当我注视

第二十二天　登上第一座三千米高峰

着他时，仿佛从他的眼睛里看到大海。后天我们会前往克罗地亚的海边度假，鲁卡斯仍须耐住性子。

从我们下榻的皮斯奇亚督湖山庄走到波埃峰下方的波埃山庄（Boehütte），仍有两个小时路程，虽然上坡路段有300米的海拔落差，但这对孩子们根本不构成压力，因为他们很清楚，到达那里后，就一路往下走，前往波多伊隘口。在快走到塞拉高台时，我找到了一块拇指般大小的化石，看起来像是毛毛虫的臀部，它让我想起，我们现在应该是站在什么东西上面：一个被三叠纪时期温暖的海水冲刷而成的珊瑚环礁。其范围有多大？几乎无法用言语表达。我们从这个高度放眼望去，大概可以看到半个南蒂罗尔地区，然后开始想象，眼下目光所及的范围，在很久以前的远古时期，被一片汪洋大海所覆盖。孩子们对此留下了非常深刻的印象，他们清楚地意识到，自己正站在有鱼、贝类及水生植物的古老的海床上。在孩子们充满想象力的世界中，塞拉山死寂般的月球地貌的景观仿佛顿时苏

● **波埃峰**

塞拉山的波埃峰海拔高度3152米，是多洛米蒂山脉最容易攀登的一座3000米以上的山峰。塞拉山的缆车站距离建筑物密集的波埃峰峰顶约有一个小时的路程。除了这条步道之外，也可选择其他路径，但走起来比较费劲，部分路段攀爬必须使用钢缆绳保护。卡帕纳法萨山庄直接建造在波埃峰的峰顶上，于1969年落成启用。天气好时，在此可以欣赏到壮丽的景观。

从因河谷地到多洛米蒂山脉

醒过来，恢复着其生命的活力。

这是一个很特别的经历：在这片壮观的荒野中，除了这位向我们迎面跑来的慢跑者以外，我根本想象不到还会有什么滑稽怪诞的事物。在这样满是砾石的荒野上，穿着单薄底子的运动鞋跑步，这是谁想出来的点子？要是我绝对想不到。"快看啊，一位慢跑者。"我大声地向席碧勒呼喊，"真的，看就是了。"她朝我指给她的方向看，就放声大笑起来。他慢跑的样子是如此滑稽可笑，当他跑过我们身边并向我们打招呼时，我们几乎无法抑制笑声。鲁卡斯与菲力斯只是不解地瞅着这位慢跑者的背影，对于他们来说，健行的意义已经够困惑了，更不用说在费劲地爬上山后还要在山上继续跑。"瞎搞什么？"菲力斯说着，还摇头表示他的不以为然，心想：大人们真的都很古怪。

到达海拔2871米的波埃山庄后，我们要求孩子们无论如何继续攀登上方的波埃峰（海拔3152米）。鲁卡斯觉得大人真的很奇怪："为

从波埃峰远眺的风光是十分壮观的

第二十二天　登上第一座三千米高峰

何还要上去？我们走得已经够高了。"他为自己辩护："根本是胡说八道，我不上去。"我试着鼓动三寸不烂之舌说服他，让他登上他的人生第一座3000米以上的高山。然而他并没有接受，一心期待着在阿尔卑斯山跋涉了14天后，到克罗地亚海边，把钓竿甩进海拔零米的海面上。

菲力斯愿意跟着走，极可能是因为他可以单独和妈咪、爹地在一起，一路独享父母的关爱；再者，第一次登上海拔3000米高山的诱惑也足够引起他兴趣的。除此之外，我还承诺，每位抵达位于波埃峰顶的卡帕纳法萨山庄（Capanna-Fassa-Hütte）的人，都可获得带有塞拉山图案的胸针纪念品。这一妙计对于安抚菲力斯很管用。他穿戴攀岩装备，我们以绳索连结，并按照出身于南蒂罗尔的知名男星刘易斯·特廉克（Luis Trenker, 1892—1990）在一些高山电影画面所做的示范，打上长长的活结，然后出发了。鲁卡斯有些生气，我们不想勉强他，就让他留下来，至少他可以高兴地坐在阳光下，听他的MP3。

经过45分钟的攀爬，我们终于登上塞拉山的最高峰：波埃峰。只是天公不作美，当我们向远方眺望时，一团巨大的乌云沿着山脉往峰顶压来。至于在高山中孤寂地体验生活这类的幻想就算了吧。山庄的小瞭望台及露台上挤满了人，就像有人刚把一游览车的游客全卸在那儿似的，真是人潮汹涌。这些游客全是冲着"3000米高峰"这块招牌而来的。人们因登上高峰，既激动又兴奋，所以，到处都充斥着嘈杂的说话声，还有照相、录像，简直令人腻烦。我们才不这样呢，对于这个峰顶上的山庄有点失望。

为何这里会如菜市场般闹哄哄呢？除了因为我们选择走这条需要钢缆绳辅助的爬坡路段之外，大多数的游客会采取轻松的旅游方式，自山脚下

从因河谷地到多洛米蒂山脉

的波多伊隘口直接搭乘缆车抵达位于峰顶山庄南边的缆车站。不过,还是有人跟我们一样徒步上来。

我面对熙熙攘攘的人群有点神经紧张,于是我迅速地买了胸针,(席碧勒后来在日记里写着:"格哈德买了一个胸针给我,也没先问我的意见。")就往下走了。对于这座最高峰的塞拉山,我们并没有留下什么不好的印象,我们今天还是很高兴的,完成了有生以来第一次爬上3000米高山的壮举。如果天气够好,而且不是在游客流量的高峰时段,例如星期天中午,我相信波埃峰绝对还是一个值得造访的景点。

不过,有时波埃峰峰顶也会让人不走运。一位女士跟她的先生还有几个同事在8月炎热的日子徒步到这里,却因遭遇风雪,气温过低,通往山下的路径结满了冰,非常滑,而且小径的两侧是险峻的深谷,如果摔跤跌下去必是致命的,他们只好在峰顶上多留两天。

我们与鲁卡斯会合,一起毫不费力地走过塞拉高台,接着一路走下山,前往陡峭的波多伊隘口,一共下降600米的海拔高度。我们心情兴奋地走过一大片满是碎石砾的荒野,左右两边是巨大的岩石。我们小心地使用手杖以支撑步行中的身体。突然间,左侧有石头滚下,有两个疯狂的怪男子从山上飞奔下来,笔直地穿越那片覆满碎砾石的荒野,而且,还跑在路面的外缘。他们直接快步下冲,没有转弯,这种速度也往往无法突然刹住。其中一位穿着比较一般的登山服,双手还拿着健行杖;另一位年纪较大,约60岁,仅穿着一条粉红色的游泳裤,脚上穿着运动鞋。他们毫无滞碍地下行这600米的海拔落差。"酷!"鲁卡斯大笑。不过,我们严厉地告诫孩子们不要做类似的冒险,即使是仿效的想法也不能存在。

第二十二天 登上第一座三千米高峰

路途只剩几米就到巴士站了，我们将搭巴士再转火车回因河谷地。这次健行是孩子们送给我们的最美妙的礼物，我依旧能清楚地回忆这14天以来，我们所共同经历的事情。他们也说，这次健行确实给他们带来许多乐趣。"土拨鼠们真的很棒，"菲力斯说，"而且我们沿路发现了很多化石。"鲁卡斯特别喜欢平缓及短途的路段。每天夜晚在山庄里玩牌、听爸爸讲故事、彼此朝夕相处，这些事情都让这两个小男孩感到十分美好。我现在很感动，而且觉得很幸福。我知道，在这次长途健行里，如此紧凑而艰辛的共同经历，已把我们一家四口紧紧地凝聚在一起，彼此的亲情联结也更加密切了。过不了几年，孩子们即将长大；他们在寒暑假的时候自己去旅行，就不会再想黏着父母了。我想，这条慕尼黑到威尼斯的健行路线，将会一直都是我们亲子之间最美好、最甜蜜的回忆。

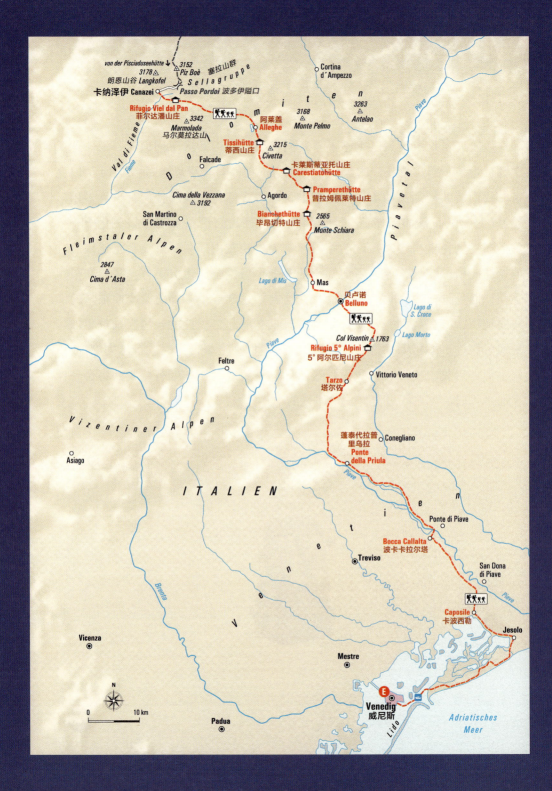

从多洛米蒂山脉到威尼斯

从多洛米蒂山脉到威尼斯

第二十三天
令人难忘的景观

» 卡纳泽伊（Canazei）—菲尔达潘山庄（Rifugio Viel dal Pan），6公里
» 预定健行时间：2小时；实际使用时间：3小时

"这次终于要去威尼斯了。"菲力斯几周前就开始兴奋不已。终于要再度出发，鲁卡斯的情况跟弟弟相反，即使离上次的阿尔卑斯山健行已过了一年，在这次健行的最后阶段来临前，他仍在沉思健行到底意义何在。

我跟席碧勒就像大多数父母一样：对于时间的掌控显得越来越混乱，越来越吃力，内心充满无力感。学校给孩子施加的课业压力，父母无法置之度外。我们应尽的义务、安排好行程、与青春期孩子的冲突以及与日俱增的工作负担，让处于这个人生阶段的我们变得忙乱而焦躁不安。

找一个自己认为适当的时间，将一切忙碌抛诸脑后，背起背包上路，将目光转向高山，并深入其中。当压力到达临界点时，就该适时地抛开自己习惯的思维方式，试着转换生活的模式，放缓步调，以聆听山间的鸟啾虫唧、鸡啼蛙鸣，并以欣赏野溪的宁静潺湲来避开城市环境的喧嚣与嘈杂。

这次我们将汽车及露营拖车留在了卡纳泽伊的缆车站停车场，先搭缆车慢慢滑上去。我主张顶多只能搭到中间站，就应该下车开始健行。在上

第二十三天 令人难忘的景观

坡路段徒步前进,一开始,我们走得很辛苦,真是喘得厉害,身体还得适应一阵子。半个小时后,席碧勒的脸涨得通红,她的头看起来就像浮在港口水道上的红色电灯浮标(Leuchtboje),而孩子们由于这个上坡路段过于陡峭,从一开始就不满。"我刚刚就说过了,应该全程搭缆车到山上。"鲁卡斯抱怨着并朝我怒视。我必须承认他是对的,当然只能在心里想。接着我暗自做出一个或许会让他满意的决定:以后如果某个爬坡路段的景色不是那么吸引人就搭缆车。当然,我并不反对以最纯粹的方式,拖着沉重的步伐一步一个脚印地走到山顶,不过,这种方式可能会让我们失去走其他路段时所需要的体力。我已打定主意,不想告诉他这些,不然他沿途每次走过缆车的支撑塔时,就会跟我进行原则性的讨论。不过,我也感觉到自己像个怪人。才启程45分钟,我就已经疲软了,推翻了自己那钢铁般的原则。

我们往上走了两个小时,征服了足足500米的垂直落差,抵达萨

再度上路,暂时把日常的种种事务及喧嚣抛诸脑后,置身于大自然,真是太棒了

177

从多洛米蒂山脉到威尼斯

● 马尔莫拉达山

马尔莫拉达山是多洛米蒂山脉的最高峰，海拔 3342 米。往南延伸的一条颇宽的山棱线有两公里长的路段陡降将近 800 米。多洛米蒂山脉唯一较大的冰川在它的北边伸展开来，可从费达伊亚水库（Fedaia-Stausee）搭乘旧式的溜索缆车（Stehseilbahn）前往探索。Marmolada 源于拉登语，亦即拉迪恩语，意为"闪烁的"。依积雪程度的不同，冰川的景观时而壮丽，时而萧索荒凉。

斯贝赛山庄（Rifugio Sass Beccei），远眺马尔莫拉达山（Marmolada）美景的喜悦弥补了我们沿途的辛劳。接着再循着一条近乎直线的步道走一个小时，就能抵达今天的住处菲尔达潘山庄（Rifugio Viel dal Pan）。对于这段长途健行的开始，这样已足够了。如果起初就消耗太多体力，可能撑不到旅程结束，就已经举白旗投降了。

第二十四天
绕行马尔莫拉达山

» 菲尔达潘山庄—阿莱盖（Alleghe），23 公里
» 预定健行时间：6 小时；实际使用时间：9 小时

7 点 15 分，闹钟响了，如果我现在是在山区度假，这绝不会是我起床的时间。然而，今天在这个时刻起床却很有意义。一来，朝阳的光照就像魔术般变幻，让层峦叠嶂披上无与伦比的色彩；再者，有一句关于登山的古老格言告诉我们："如果你在上午没完成任务，那就干脆忘记你今天所要做的。"这可是千真万确的。大部分健行者是在下午开始感受到步伐的沉重，因为那时双脚开始疼痛，而且心里觉得路途好像永无止境地往前方延伸。我们今天就会经历这些挑战。

当我们背起背包正式启程时，已经过了 9 点，另外我们还花了半小时，绕路前往山庄后面不远的一个观景瞭望处。由于沿途的风景实在很美，以至于我们无法快速前进，特别是这里不同的景致形成了对比，给我们留下了深刻的印象：右侧是马尔莫拉达山危耸的岩壁与白雪皑皑的峰岭；左侧是峭拔的塞拉山；而我们前方的那条由青草地辟出的狭径，在岩块之间蜿蜒迂回数公里。

从多洛米蒂山脉到威尼斯

费达伊亚水库景观壮美

今天第一个目的地是位于马尔莫拉达冰川（Marmorada-Gletscher）下方深处的那座深蓝色、波光粼粼的费达伊亚水库。我们走了一个半小时，路上不见其他人影，独享沿途迷人的风光。当我们走在陡峭的下坡路前往水库时，终于遇到一个一日游的游客，朝我们迎面走来。在这个陡斜的坡段，有时候我会用绳子把自己跟菲力斯系在一起，他很感谢我的呵护，不过，

第二十四天 绕行马尔莫拉达山

在短距离时这么做,其实会有点危险。"如果你掉下去,会把我也一起拽下去的。"他想了一下。"不用怕,那时候我就自己松开,不会连累你的。"我开玩笑地说。"不,你不要这样做!"他惊慌地大叫,好像他仅剩这一个机会阻止我向下坠落。

天气太完美了,艳阳高挂天空,散发着炽热的光芒,温度已接近20摄氏度。我们在费达伊亚水库右侧的环湖步道上散步,悠闲地往正前方走着,就好像我们今天要在这附近住下来似的。这全是因为水库的景观太美,让我们情不自禁地放慢脚步,舍不得匆匆离去。其实,还有一段22公里的路程摆在我们前头呢!我们今天预定在风景如画的湖畔小镇阿莱盖过夜,问题是,我们携带的两本健行指南一致地郑重说明,从这儿到阿莱盖只需四个半小时的步行时间。真的吗?四个半小时要走完足足22公里的山路,这种速度我们到目前为止都无法做到,这些健行指南的作者是不是又在吹嘘自己的腿劲儿和体能呢?

水库后面不远处的景观有所改变,我们望见那不具吸引力的、光秃秃的马尔莫拉达山的东侧,随即我们转入一条冬季才有积雪的滑雪道上,它带领我们穿越一个翠绿而狭窄的山谷,并继续往下延伸。我们一路往下走着,今天行程的起点——菲尔达潘山庄——尚在海拔2432米的高度,要到达目的地阿莱盖,一共需要下降970米的垂直高度。席碧勒现在觉得双腿的膝关节有些紧,我想,它们只是想让主人明白,自己可不想接受任何的折磨!

"多洛米蒂超级滑雪联盟"[①]的滑雪道很长,这我以前就知道了,然而这

---

① Dolomiti Superski,多洛米蒂山脉滑雪场的联合组织,包含12个滑雪场、450座设施,滑雪道总长度达1200公里。——译注

从多洛米蒂山脉到威尼斯

里的滑雪道有时看起来好像没有尽头,这是我在这一带健行后才意识到的:从费达伊亚水库到马尔加奇亚佩拉(Malga Ciapela)滑雪区的路程看来似乎也没有尽头。这个路段如果从马尔莫拉达山庄开始的话,需要一个半小时的步行时间,如果我们多休息一些时间,就要走两个半小时。孩子们又开始发起牢骚来。"还有多远?"当我们经过一处面积较小的森林而终于抵达一处迷你小村落时,他们又重复问相同的问题。"通常只需要三个小时……"他们吃惊地尖叫:"我们不可能完成的!"小孩子就是这样,他们打断我的话,不让我把话说完。因此,我现在必须一口气补充讲完:"不过,我们至少还需要多一个小时。"

这两个男孩一边走,一边捣蛋,幸好他们很快发现有趣的事物而收敛许多:我们正沿着索托古达峡谷(Sottoguda-Schlucht)岩石底层的一条溪流前行,索托古达村(Sottoguda)就位于峡谷的后方,是所有摄影师取景拍照角度最佳的地点。村里车道的两旁都是谷仓及装上色彩缤纷的百叶窗的传统木造农舍,那里的小喷泉水声汩汩,而冬天用以取暖的木柴现在才8月就准备好了,堆放得老高的,随手可取。索托古达村本身几乎就是一个村庄博物馆。

我们已上路六个小时了,照理说,这个时间应该已到达目的地阿莱盖,我们却仍在赶路。尽管双脚酸疼不已,"阿喀琉斯之踵"一直发痛,背包都快把肩膀磨伤,还是得继续前进。孩子们每隔10分钟就问一次,什么时候才能到阿莱盖?我们实在无法准确地回答路程还有多远,还要在路上花多久时间。他们并没有意会到,其实这时我的体力已几乎耗尽。我那大腿、硬如石头的小腿肚、受尽磨难的双脚,都痛苦不堪地哀求着,尽快结束今

第二十四天 绕行马尔莫拉达山

沉睡的索托古达村里尽是传统的木造农舍,恰似一个村庄博物馆

天的行程吧。

终于,旅游指南里描述的那座阿莱盖吊桥映入了眼帘,当我们蹒跚地走过桥时,桥身摇晃得十分厉害。席碧勒之后在日记中描述了当时的心境:"摇晃的吊桥成了我免于被压垮的一根救命稻草,它的摇动令我得以歇脚。"孩子们的反应却恰恰相反,他们觉得吊桥的晃动很有新鲜感,突然兴高采烈起来。

后来,我们在小镇上寻找我们预订的民宿。令我们感到折腾的是,我们将要下榻的这家民宿,不但位于整个市镇的最高点,我们的房间还被安排在顶层五楼。席碧勒拖着沉重的脚步吃力地爬楼梯上到顶楼,好不容易到了床边,眼睛一闭,把身子重重地摔在床上。

菲力斯还是闲不下来,今天一整天走在路上,就一直期待着能到阿莱盖湖(Alleghesee)那儿跑跑跳跳,下水玩一玩。我实在不想奉陪,全身的肌肉酸痛得几乎已让我无法动弹,再者,天气也渐渐转冷了。"来嘛,爹

从多洛米蒂山脉到威尼斯

● 阿莱盖

　　阿莱盖村庄位于跟它同名的湖畔，其聚落沿着一座坡度和缓的小山坡向上分布，紧邻后方那巍峨雄伟的奇韦塔山（海拔 3215 米）。阿莱盖目前的地貌是在 1771 年的一次严重的山石坍方之后而形成的。崩落的碎石块掩埋了附近的玛琳（Marin）、里特（Riete）与富西内（Fusine）等小村庄，还阻断了既有的水道。而四处奔腾的水流在短短几天内，淹没了托雷（Torre）、科斯塔（Costa）、佩容（Peron）与索马里瓦（Sommariva）等聚落，后来汇聚形成了目前这个深 19 米、长 1.5 公里的阿莱盖湖。阿莱盖当时因其地势较高而逃过一劫。这座湖边小镇的景观真是独一无二，风光壮丽伟岸，令人永生难忘。

地，还是去吧！"他以非常真心率直的眼神不断地向我央求，而且对于如何说服我，他总是很有一套。那好吧，我就这样忍着脚痛，一拐一拐地和他一起走到湖边。我们一到湖边便立刻发现，那里虽然可以散步或欣赏美景，但就是不能下水。虽然知名的阿莱盖湖从远处看起来景色十分诱人，但它的水质污浊，我们还看到一条足足 30 厘米长的死鱼，在布满石头的湖边被水流冲来冲去。注入湖里的那条溪流，看起来比较干净，但溪流的底层尽是些粗石块，不被人待见，10 岁的菲力斯也这么认为。我们只是把双脚伸入冰冷的溪水，希望能让脚的肿胀疼痛消退一些，这样就心满意足了。在健行辛苦了一天之后，我们父子俩相互依偎，完全放松地坐在溪边，在水里随意地晃动着双脚，悠闲地聊天。我时而用手臂抱着他，父子两人都

第二十四天 绕行马尔莫拉达山

非常享受当下。我想,这种亲情的美好应该会永久留存在我们的记忆中吧。

自从上次离开普芬德之后,今儿又再次碰到了如此暖和的夜晚,让我们可以在户外用餐。我们回到小镇中心,在一家意大利餐馆的户外餐区坐下,相隔仅15米的教堂每15分钟便敲响一次大钟,柔和的钟声贯入耳内,也让我这位疲惫不堪的健行客受到精神的抚慰而振奋。我们邻桌坐着几个今年第一次遇到的、以威尼斯为目的地的旅行者,他们是我所认识的健行者当中,少数几个对于这条梦幻路线了如指掌、而且真正能够从中获得乐趣的人。我们很高兴,今天能吃到地道、香味扑鼻的意大利比萨,这与之前山庄所准备的晚餐不同。用完餐,我们漫步回到下榻处,大约22点,我们就钻进被窝睡大头觉去了。

从多洛米蒂山脉到威尼斯

第二十五天

山中一片花海

> » 阿莱盖—蒂西山庄（Tissihütte），11 公里
> » 预定健行时间：4 小时；实际使用时间：5 小时 30 分钟

孩子们这次可纳闷了，爹地今天竟然不去挑战海拔落差 1350 米的上坡路段，而是选择坐缆车上山。是啊，这次我可学乖了。为何不全程徒步，一路往上走到蒂西山庄？主要是这条路线前半段的景色不是那么吸引人，其中有一段是穿越森林的艰难之路，所以权衡下来，就以乘缆车代替吧。现在只要一提起"森林"，我就会想起去年在罗登角森林那令人担惊受怕的经历，真是"一朝被蛇咬，十年怕井绳"，一次足矣！

格拉斯勒把我们这三天所要健行的路程——途经蒂西山庄、卡莱斯蒂亚托山庄（Carestiatohütte）与普拉姆佩勒特山庄（Pramperethütte）——称为"阿尔卑斯山最美的步道"。他说对了！我们从阿莱盖乘坐双人座椅式缆车上山时，山上的天气晴好，那条陡峭盘旋而上的小径洒满阳光，引领我们前往寇尔代山庄（Coldaihütte）。这座山庄后方紧邻一段高耸云天的山崖，从步道上远望，感觉气势雄伟壮观，至少值得坐下来，喝杯卡布奇诺咖啡。然而老天爷或许嫌这段山崖的景色过于单调吧，竟让山庄的后方长

第二十五天 山中一片花海

放眼望去,漫山遍野繁华绚丽,仿佛一片花的海洋

了一大片随着微风起伏、魅力无穷的花海,五彩缤纷,绚丽多姿,而且一直延伸到寇尔代隘口(Coldaisattel)。"它们的美,绝对胜过任何一束买来的花。"席碧勒兴奋地赞叹。

路经烂漫的花海并穿越隘口之后,孩子们几乎不想多停留,因为他们

从多洛米蒂山脉到威尼斯

奇韦塔山西北面陡峭的岩壁下一片奇绝的石海,残留着未融化积雪的山石,铺就了一条狭长的健行步道

知道,寇尔代湖是多洛米蒂山脉最美的山中湖泊之一:柔软翠绿的青草地环绕映衬着呈土耳其蓝的寇尔代湖水,与上方奇韦塔山光秃秃的山崖形成强烈的对比,这样的湖光山色确实名不虚传。许多健行者都选择在这个地点吃午餐,稍作休息。我们在这里遇到一群青年人以及一支足有上百人的健行队。寇尔代湖有10米深,湖水冰冷,一些小伙子为了博得同行少女的青睐,还不惜冒险,从上方7米高的岩石纵身跃入湖面。大家都在为他们鼓掌喝彩,气氛欢乐而热烈,真是美好的一天!

我们在湖里玩水,休息了一会儿之后,继续上路。不一会儿显现在我们面前的是,奇韦塔山西北面陡峭的岩壁下那片奇绝的石海,残留着未融化积雪的山石,铺就了这条狭长的健行步道。"命中了!"当我被鲁卡斯做

第二十五天　山中一片花海

的雪球打中时，他高兴地大喊，菲力斯也兴奋地跟着起哄，我连连被雪球击中，白雪都掉进我的衣领里了。

到目前为止，我们的健行非常轻松，然而在前往蒂西山庄的路程中，因为必须攻克200米高度的落差，突然觉得特别吃力，至少我和席碧勒都觉得吃不消。而孩子们一直走在前头，早早就站在离蒂西山庄不远的路上，等待我们这两个"老人"姗姗来迟与他们会合。打自慕尼黑出发以来，我就始终坚持，每天不仅要四人一起出发，也要一起到达目的地。体谅走得较慢的人也是一种团队精神，孩子们也都接受这种想法。

蒂西山庄本身就是个梦幻所在，它坐落在一处高山边缘的岩壁上，从每一个角度眺望，都会呈现撼动人心的高山景观。超大的景观窗让我们在室内就可向外眺望美景，洒满阳光的平台吸引人们驻足。我们入住的四人房也真是无可挑剔，但当山庄客满时人们想盥洗，可能就有点问题。在地面层有四个洗脸

蒂西山庄坐落于高山边缘的岩壁上，坐拥全角度撼动人心的高山景观

从多洛米蒂山脉到威尼斯

台、四间厕所及一间可冲澡的浴室,每冲一次澡要价 4.5 欧元,并不便宜。这些盥洗设备全都挤在一个只有 8 平方米的小空间里,每次大家排队等候使用洗脸台时,如果又碰到有人想上厕所,那可真是摩肩接踵,挤成一团。更何况盥洗室的使用根本不分男女,这真叫人尴尬到极点。

今天大量涌入的住客也让厨房不胜负荷,就连最普通的意大利面佐西红柿酱,也就是大家最常点的、所谓的"山友餐",居然也让我们等了两个半小时才上桌,真令人百思不得其解。也罢,反正味道没变。不过,鲁卡斯点的"煎香肠"就离谱了,它看起来像是这样做出来的:厨师用两条维也纳香肠,将它们纵向切开,较光滑的那面稍微煎一下,配上一片面包便装上盘,这样就要价 6 欧元。我真的没有在开玩笑,面对这样的餐食上桌,我们也只能不可置信地大笑三声。

我们邻桌有两位年纪约 30 岁的年轻人,他们也对 6 欧元的"煎香肠"哑然失笑。其中一位名叫鲁道夫,皮肤已晒成了古铜色,有着一头非常漂亮的黑鬈发,是地道的如假包换的意大利人。从他的小鲔鱼肚看来,他应该是一位美食主义者,在这里用餐真是委屈他了。"我们明天往下走去阿莱盖。"他那位略显干瘦、脸色苍白的德国朋友汉斯说道,语气中透露出对于这段陡坡的担心。

如同往常一样,我们早早就去上床休息了。

第二十六天

努泰拉巧克力坚果酱与好朋友

» 蒂西山庄—卡莱斯蒂亚托山庄（Carestiatohütte），14 公里
» 预定健行时间：6 小时 50 分钟；实际使用时间：8 小时

　　当天早上启程之前，我们走到山庄后方探险，这个经历让我们印象很深刻：我们先往上攀登若干米，然后趴在岩石上，再往岩石边缘爬行过去。如果不是最有勇气的人，就不要做这种冒险；因为深渊就在脚下，悬崖垂直往下几百米深。我们探头俯瞰，眼中的阿莱盖湖成了微小的一片水洼。"詹姆斯·邦德（James Bond）如果现在在这里的话，就敢缒下山岩。"菲力斯惊叹地说。不过，我敢以一杯詹姆斯·邦德最爱的伏特加–马丁尼（Wodka-Martini）与菲力斯打赌，此事绝对不会发生。邦德很清楚自己的底线。

　　今天席碧勒每走一步路都承受着痛苦。臀部和肩膀疼痛不已，而她两个已受伤的膝盖依赖于绑着前年在巴特特尔茨买的绷带维持行走。"我走路如此不协调，这让我极为尴尬。"她在日记里这样写着。

　　今天的行程一开始时，我们在奇韦塔山悬崖峭壁的阴影中，沿着一条多石而狭长的路径往下步行。当海拔高度下降了 300 米左右时，我们开始

从多洛米蒂山脉到威尼斯

走入一片平坦的矮松林（Latschenkieferwälder），林中散发着浓浓的松香味儿。更令人着迷的是，在宽广的皮安迪佩尔萨高原（Pian di Pelsa）上，有一群哈福林格马在洒满阳光、肥嫩翠绿的草地上安然地吃着草，而在不远处仅有的一座小山丘上，则有一匹看似孤高的白马独自站着，用它那犀利的目光朝着高原的方向望去。高原的左侧有一座如高塔般的岩峰——威尼斯塔峰（Torre Venezia）——拔地而起，海拔达2337米之高，这里的景象显得如梦幻的画面一般。

在走了两小时零五分之后，我们抵达了瓦左勒山庄（Vazzolerhütte）。这个隶属于意大利阿尔卑斯山协会的山庄坐落于森林里的一处空地，它建于1928年。此山庄除了主楼之外，还有小教堂及其他附属楼，它在周围高大的树木掩蔽下，颇有些魔幻的气息。"这好像白雪公主跟七个小矮人的房子呢。"席碧勒如此认为。特别令我们惊讶的是，昨天与我们同桌吃晚餐的鲁道夫和汉斯竟然也正在这儿晒太阳。"你们在这儿做什么呢？你们不是想下山吗？"我问道。"人必须要灵活一点，懂得变通。"汉斯微笑地说着。我惊叹着他们完全随意的游玩方式。席碧勒知道他们不是真的想健行，便立刻打趣地调侃："你们可能不知道要往哪里走，对吧？"席碧勒猜到他们的心思，汉斯傻笑着，觉得有点不好意思，事实上他只是想跟着鲁道夫到处游玩。他开心地告诉我们，现在他们将下山往山谷去。是吗？才不是呢！从昨晚认识他们后，我们已两度与他们相遇，没想到晚上我们竟然又在下榻的卡莱斯蒂亚托山庄相遇，这两位愉快的健行者，很显然他们中的一位有健行的打算，而另一位只想纯粹地享受大自然。

翌日我们再次出发时发生了一件事，使得我们的行程耽搁了整整一小

第二十六天　努泰拉巧克力坚果酱与好朋友

我们走到蒂西山庄后方探险，先往上攀爬了若干米，然后趴在岩石上，再往岩石边缘爬行过去。深渊就在脚下，悬崖垂直几百米深，探头俯瞰，阿莱盖湖成了微小的一片

时：我们大概走了15分钟，菲力斯就确定，他的一双"提娃牌"凉鞋不见了！刚刚在瓦左勒山庄时，它明明还挂在背包上呢。他必须回头去找，毕竟这双凉鞋除了用作登山鞋之外，还是他去往威尼斯唯一可以替换的鞋子。

从多洛米蒂山脉到威尼斯

对于我和鲁卡斯来说,被迫休息一下,事实上也不错。其实我们早就把泳裤一直挂在背包外面,在这里刚好有一条溪流汇聚的瀑布,足足4米高,还等什么呢?我们二话不说,便穿上泳裤,跳进瀑布里冲了个澡。因为水冰冷得受不了,无法在水潭里待太久。后来,菲力斯脸上挂着灿烂的笑容回来了,鞋子找到了。

经过两个隘口后,健行变得艰难起来,因为矮松粗壮的树枝朝外伸到步道的空间,路变得相当不好走。我们越过阿格纳山(Monte Agner)——它是多洛米蒂山脉最高的崖壁,上下一共1500米的海拔落差——已累得上气不接下气。我们满头大汗,身上的运动衫早就被汗湿透,菲力斯已完全耗尽气力。我们刚刚在途中认识了一位来自黑森州(Hessen)的男子约阿希姆(Joachim),他年近40,带领一个小团队往威尼斯健行。约阿希姆本身也有个12岁的儿子,因为对健行不感兴趣而留在家里。约阿希姆只身在外,非常想念儿子,看到这两个男孩勇敢地跟着父母健行,让他相当激动。约阿希姆很喜欢他们,他和他们闲聊的时候,还会逗孩子开心,比方说,他会把立在路旁示意健行者方向的路标转到错误方向,又迅速地转回去。后来,他还像变魔术般地从背包里拿出两小罐努泰拉巧克力坚果酱(Nutella-Dip)给他们。"要舔光哦。"他露出牙齿傻笑并将食指伸入另一罐已开封的坚果酱里,津津有味地将剩下的全吃光。原来这样也可以转移孩子的注意力,真是不可思议,鲁卡斯与菲力斯一下子精神又振作起来了。

我们已走了几个小时,然而目的地根本连个影子也没有。一直要到离开翠绿的塞拉迪坎普(Sella di Camp)隘口时,才能看见位于远处的卡莱斯蒂亚托山庄。席碧勒因为下山时脚趾头疼痛,所以适度地放慢脚步;而

第二十六天 努泰拉巧克力坚果酱与好朋友

孩子们跟他们的新朋友早就走在前面。他们因此没看到一只穿过路面的蛇蜥（Blindschleiche），尤其是没看到我在步道中央发现的一只看起来很危险却已死亡的蝎子。当我们到达卡莱斯蒂亚托山庄时，慷慨的约阿希姆已经为两个小男生点了柠檬汽水，他们正开心地喝着。所有的客人，包括约阿希姆和他的同伴，全都坐在露台上晒太阳，享受着当前的景致。真是奇特啊！不管怎样，人们对于山中的美景总是百看不厌，即使是那些已经在山林里走了好几星期的人，比方说，约阿希姆和他的五名健行旅伴。

不到一小时，约阿希姆跟他的大军就要再度起程，因为他们在帕索杜兰隘口的山庄预订了住宿，离情依依，孩子们看起来有些落寞。而我们就入住这里，搬进了我们的房间。反正我们也不寂寞，鲁道夫与汉斯总是带着美好的心情坐在其中一张木桌旁。

从多洛米蒂山脉到威尼斯

第二十七天
困惑的健行者与冰雹雨

» 卡莱斯蒂亚托山庄—普拉姆佩莱特山庄（Pramperethütte），14公里
» 预定健行时间：4小时15分钟；实际使用时间：6小时

  鲁卡斯太干瘦了，以至于他无法系紧腰带，这是一大麻烦。因此，整个背包的重量大部分并非正确地由髋骨支撑，而是不舒服地都落在肩膀上。"为什么就只有我这么瘦？"他叹着气并嫉妒地打量着他身边体格强壮的弟弟。尽管如此，鲁卡斯今年已经胖些了。去年我们还必须多买一件套头毛衣让他绑在腹部，以加大腰围，便于束紧背包的腰带，避免背包晃动。不过，现在是清晨，大家都懒散没劲儿，哪里还管什么系不系腰带呢。6点半，当闹钟搅醒美梦时，我们真的不知道该怎么办。席碧勒因为不情愿起床而嘀咕着，但她却是我们当中唯一一个一如既往，醒来便立刻起床的人。当然，她对于我们赖床的行径总是很生气。当她已盥洗完回来，发现我们还躺在床上时，便恼火地叫着："现在立刻起床，出去！"

  吃完早餐后，我们得加快整理背包，因为寝室里有一个告示牌指示我们："请最迟在8点半前将房间清空。"我们乖乖地照做，甚至比规定的时间还提早10分钟。

第二十七天　困惑的健行者与冰雹雨

首先，我们穿过帕索杜兰隘口（Passo Duran），汗流浃背地循着步道前进，接着穿过一片茂密的森林。足足走了四个小时后，在林中的一片空地上，看见了一个小型的高山牧场——摩舍辛高山牧场（Moschesin-Alm）。遗憾的是，它的主楼——一间小平房——已户牖深锁，原来这个高山牧场已无人经营，怪不得看起来有些衰败落拓。但无论如何，人们还是可以坐在小屋前的长凳上休息用餐或伸展一下双腿。牧场门口前的那座长形的泉水槽还是一样很吸引人，可以让人们洗把脸消除疲劳，甚至下去泡个澡。这时候传来了两个人说话的声音，打破了寂静，我们立刻大笑起来。我们认得这两个人，便是汉斯与鲁道夫。他们正在空地上愉快地闲聊并溜达着。事实上，汉斯已经说过，他们要下山去了，因此他们开始与我们讨论有关下一座山的信息。

我们非常喜欢这块阳光充足的林中空地，直到开始打雷我们才注意到，天空已乌云密布。虽然那一大片乌云离我们还有一段距离，不过，我们已经开

日后孩子们将会回忆起与父母在意大利之行：在卡莱斯蒂亚托山庄吃早餐，咖啡和可可是用碗喝的

从多洛米蒂山脉到威尼斯

鲁卡斯在摩舍辛牧场前的泉水槽里洗头，消除疲劳

始有些紧张。依照健行指南的信息，这个牧场距离我们今天下榻的普拉姆佩莱特山庄只有45分钟路程，那应该是可以轻松完成的。眼下的摩舍辛高山牧场在阳光照耀下显得十分美丽，但我们并不想在这里经历午后的电闪雷鸣。此时我们快跑上山，而汉斯和鲁道夫却仍留在原地野餐。

忽然，太阳被乌云遮盖不见了，而且云层越来越厚。真该死，山区的天气实在很难预测，我们已不止一次被突如其来的天气变化弄得手足无措。我们头顶的上方正在打雷，这并不是个好征兆。向来对雷阵雨没有好感的鲁卡斯，渐渐地开始惊恐起来。我们感觉到雨已经打到身上。这时汉斯与鲁道夫大步流星地赶路，从我们身旁走过时，鲁道夫将一件泳裤塞到了我的手里。在高山上递送一件泳裤，这实在令人摸不着头脑。我一头雾水地瞅着他的背影，然后看着手里拿的那件蓝底红黑条纹的泳裤。这是菲力斯的，应该是从他的背包上掉下来的。哦，原来是我没帮他系好。"天啊，爹地。"菲力斯不满地说。然而我并没有因此受到责备，我的心暖暖的。

这期间，雨变成雨加小冰雹落下，雷声轰鸣愈来愈强烈，这让我们觉得，仿佛只要沿着脚下这条狭窄多石的小径就可以登上山似的，不过，实

第二十七天　困惑的健行者与冰雹雨

际上我们正往今天路程的最高点——海拔 1940 米高的弗塞拉摩舍辛隘口（Forcella Moschesin）——前进。这个隘口几近光秃一片，有一个从前放置武器装备、供驻守人员休息的小屋现在已颓垣断壁。我们想快速地通过这个隘口，因为厚厚的乌云正以一种惊人的方式从我们身上呼啸着压过来，它们移动的速度比我们跑得快多了，有时候还整个地把我们笼罩其中。当我们往下再走一段路时，它如同鬼魅般可怕的情景居然在瞬间消失了。原来雷雨早已转移阵地，利落地溜到山的另一头去了。这里的云团不断地被强风撕裂，几分钟后，我们又走在阳光普照的步道上了。高山上的天气真是变幻莫测，今天可真是让我们见识到了！

下午 2 点 15 分，我们看到目的地普拉姆佩莱特山庄。一面高高挂着的意大利国旗迎风飘扬，恰似向我们挥手，引领我们走完最后几米的路程。这个黯淡不起眼的小山庄，位于一处被巨大岩块隐藏的小高台上，山庄前的草地上摆放着几张为过路人准备的小长凳，露台上供应着咖啡和蛋糕。

普拉姆佩莱特山庄的交谊厅真的很有看头。由于这个房子很低矮，在交谊厅里居然可以完整地看到支撑屋顶的桁架。轻柔的吉他音乐绕梁，营造着愉悦的氛围。在一面墙上挂着一套老式的攀岩装备让我们了解到，这儿主要住客的身份。

山庄的寝室被安置在 50 米之外的侧屋。在安排房客床位这件事上，因空间不够，我们对如此设置客房也只能表示赞同。21 张床被精确地堆放在一个极小的，大约 4 米宽、6 米长的空间里。我想，如果这空间再高一点，大概山庄的老板不会再往上码更多的床位吧？"第三层床"就已经有点摇晃了，再往上码真不敢想象。而我们预订的四人房位于主寝室旁，仅以一个门

从多洛米蒂山脉到威尼斯

帘儿与寝室分隔开，里面配备两张三层床。"另外两张床会空着，不会安排人住进来。"老板娘保证。对此我们相当感谢，不过，也对其他人到底要在哪儿过夜感到担心，因为床位看来并不多。我们这个小房间虽没有任何装饰摆设，不过还算相当合用，尚可接受。然而我们还可能会遭到嫉羡呢！

孩子们几个小时都毫无动静。他们在餐厅里找到一大堆《唐老鸭》漫画，因此除了在阳光下踢球玩耍外，也会坐在光线略显不足的山庄里阅读；席碧勒和我则想着完成我们的日记，而我甚至还小睡了一会儿呢。

晚餐时间，突然一阵惊人的雷雨倾盆而下。起先是雨水，稍后还有冰雹，山庄上方雷声激烈地轰鸣，我们本能地一直盯着屋顶的桁架，不知它是否真的稳固。"真希望我们不在这里过夜。"菲力斯很担心。如烤豌豆大小的冰雹，不一会儿就覆满露台。不断地有客人走到窗边观赏这场震慑人心的大自然奇观。

不久，当一切都安静下来后，我们急忙回到自己的小寝室。恰巧寝区里的发电机停止运作，断电了，漆黑一片，塞满三层床的寝室里有如迷宫。我在里面迷了路，一不小心碰到一位正在睡觉的女士，她吓了一跳，但对于停电这种情况，她也无可奈何。此时席碧勒终于找到了正确的路径，而且竟然使劲地拉住我走出了"迷宫"。

这会儿我们只能利用额头灯来照明铺床，准备就寝。很奇怪，我好像一直听到塑料袋摩擦的沙沙声，主寝室还传来做爱的声音，实在非常尴尬。不管了！我们钻进山庄提供的睡袋，耳朵塞上色彩缤纷的耳塞，这次可以非常美好地睡到自然醒。

第二十八天
勉强算是经过了——席亚拉山

» 普拉姆佩莱特山庄—毕昂切特山庄（Bianchethütte），13公里
» 预定健行时间：6小时45分钟；实际使用时间：7小时30分钟

  几乎无法理解，为何我们如此幸运。经过昨天夜里的那场暴风雨后，我们已有心理准备，今天的天气应该是阴沉沉的，但没想到却是个太阳高挂的大晴天。天空万里无云，空气非常清澈、透净。昨夜的雷雨只在平台上留下零星冰雹颗粒。对于山庄提供的早餐，人们可不能再抱怨什么了。咖啡与努泰拉巧克力坚果酱当然都有，谁若不经意地碰触一下白面包切片，就会立即察觉，它绝对是刚出炉的。另外，或许是服务人员在这种世外桃源工作，脱离了现实世界的缘故，他们会把日子搞错了，今天是星期六，依照山庄的惯例，早餐是不供应现烤的葡萄干麻花卷（Hefezopf）的。山庄的早餐品种虽然不多，然而这个阴错阳差，让我们吃到了比较丰盛的早餐。

  我们并没有立刻启程离开。鲁卡斯让我神经紧张起来，因为他想让我们看看，他可以多么灵巧地爬上第二层床铺。他不只还没穿上该穿的衣服，他的表演还把叠好的寝具弄乱了；菲力斯的情况正好相反，他似乎还很累，一脸茫然，一动也不动地坐在床上。很可能他正看着他的背包，心里纳闷

奋力攀爬过后回望壮观的山景全貌，感觉是大自然给我们最好的奖赏

着，为何还没有整理好。反正我得趁着自己还没有发脾气以前，赶快离开这个狭窄的空间。

　　出发了，当我们气喘吁吁地走在上坡路段时，海拔高度已然上升到530米，紧接着又是下山，我早上的恼怒是否还没平息呢？健行时，最好不要想太多，单纯享受这个过程就好了。反正就是走快一点，让自己汗流

第二十八天 勉强算是经过了——席亚拉山

浃背、气喘如牛,这样一来,心情就会变得好起来。天气如此晴好,无论如何都不要辜负它,应该让自己开心,环视这周遭的一切吧。从不同的视角远眺景色都是如此的动人心魄,还有点缀其间的山羚羊(Gämsen)勇敢大胆地走在极其陡峭的山崖上。在路上,我们偶尔也会跟一些与自己步伐速度相同的健行者走在一起:我们曾在健行途中认识几位年纪较长、言谈举止相当温文尔雅的英国绅士和淑女,他们总是保持笑容,彼此有一种不可思议的和谐,而且能从彼此的互动中获得真正的喜悦。还有两位年约50岁的中年人曾与我们同行,他们会在徒步行进中相互交流彼此的职场情况,并分享处理工作问题的经验。我们在这条梦幻健行路线上还碰到过一些很好的人:一对来自南德施瓦本地区(Schwaben)和蔼可亲的夫妇与他们的两位女儿,当然,还有汉斯与鲁道夫。我们猜想,现在他们可能也糊里糊涂地往威尼斯方向走呢。不过,如果碰到自己不喜欢的交谈对象,就得想办法加快脚步,超越往前。

后来我们把背包留在西美迪西塔峰(Cime di Città)的山肩(Bergschulter)下方的不远处(这里有一段很深的断层地带),然后登顶,到达峰顶的十字纪念碑(Gipfelkreuz)。忽然我发现,在南方远处的地平线上,呈现一道蓝白色的带子,左侧还延伸着一条长长的弧线。我认得这条弧线,它正是意大利北部港都的里雅斯特(Triest)的港湾特征。那个长条应该就是意大利的海港,那里还有格拉多(Grado)、卡奥莱(Caorle)、耶索洛(Jesolo)[①],而那里的右边应该就是威尼斯了。

[①] 这三个地方都是意大利亚得里亚海的海港,介于特里埃斯特与威尼斯之间。——译注

从多洛米蒂山脉到威尼斯

从山顶远远望见亚得里亚一片蔚蓝的海,这是一个令人情绪激昂的时刻

一开始,我们也没有把握,也许那长条带子只是带状云彩?然而没过一会儿,我们便非常确定,离目的地已经很近了。我们的前方正是亚得里亚(Adria),真的完全没想到,我们居然已看到大海了。这是一个令人情绪激昂的时刻,像是做梦一般难以置信。

经过了一处宽广的平台之后,我们往下走在陡斜的山路上大约有一个半小时,然后才到达皮安德丰塔纳山庄(Rifugio Pian de Fontana)。这个山庄是一栋低矮的建筑物,外墙粗略地抹上灰泥,后头巨大的岩石块好像是专为它砌造围墙所准备的。亲切而吸引人的餐厅已重新整修过,柜台上摆着外皮撒上糖霜的杏仁蛋糕和巧克力蛋糕,似乎在迎接我们的到来。一个本地传统造型的壁炉占据着交谊厅最显眼的位置。壁炉上方放着许多玻璃

第二十八天 勉强算是经过了——席亚拉山

这里有世上最舒适的浴缸

瓶,里面的酒浸泡着蛇。"看啊,爹地。"菲力斯非常亢奋,爱不释手地,每隔两个玻璃瓶就转动一下瓶身,或至少抚摸一下,这实在让我神经紧张。我清楚地知道,在某个时刻,他可能就会把一个瓶子弄到地板上。拜托!我真的不想为了帮儿子善后,而必须从地板上捡起一条已死了十年的、黏糊糊的蛇(我根本不敢想象可能会散发出多臭的气味)。"请小心一点。"我警告他。"看,这很棒!"当他在转动下一个玻璃瓶时,那个玻璃瓶果然滚落到了地上,并发出声响。菲力斯看着里面的那条蛇,说道:"它的嘴还张着呢。"看起来那条蛇的神态好像当时被压入酒里时那样,做出垂死的挣扎并愤怒地斥责施虐者。像经历了一次奇迹一样,我们离开了山庄,因为玻璃瓶并没有破。"我刚刚就说过不会打破。"菲力斯很酷地表示。

在山庄的主屋前有一处山泉及一个五米长的水槽,是以前(或许现在仍是)供牲畜喝水用的。干净的泉水不停地流入水槽里,不消几分钟,我

从多洛米蒂山脉到威尼斯

和菲力斯已经泡在了这个冰冷的泉水槽中。由于这个水槽够长,还够我们的手脚在水中摆动两次,划向远处的阿尔卑斯山峰。这真是世界上独一无二的长形澡盆。后来我们起身,用泉水冲洗双脚,伸展手臂,支撑在水槽左右两侧,目光远眺着四周不可思议的美景。接下来当我们很舒服地在长凳上坐着,并打开午餐袋准备享用餐点时,鲁卡斯青春期的叛逆偏偏就在这时发作。他想吃意大利面,而且是现在,立刻,毫无商量的余地。"我们有干酪、培根、新鲜干酪、五谷面包及两块蛋糕。"席碧勒说。通常我们会认为,这样的餐点选择性够多了。不过,鲁卡斯总是不以为然。后来鲁卡斯发现,菲力斯已经把我们在山庄买的巧克力蛋糕吃得只剩下一小块时,他又发起更大的火来:"我要自己吃一块巧克力蛋糕,我不喜欢杏仁蛋糕!"实际上,如果菲力斯当时一口气把那块巧克力蛋糕全吃光的话,情况反而会比现在容易处理得多。这样,我们的鲁卡斯就不得不勉强地接受那块杏仁蛋糕,反正已经没有了选择,他应该会就现有的来做出决定,而不会认为自己被冒犯,像现在这样使性子了。

接下来我们走在陡峭的步道上穿过一处森林,整整45分钟的爬坡对体力又是一大挑战。就在我们汗流浃背时,菲力斯又想跟父母交谈了。他通常都在爬坡时提出一些奇奇怪怪的问题纠缠我,而这些问题在不费劲的路段是不会提出的,然而我也无法给他满意的答案。"如果人们从这儿拿着手枪朝地面发射,那子弹会钻入地里多深呢?"

"才几厘米就会碰到岩层了吧。"我气喘吁吁地回答。"那如果没有碰到岩层,只穿过泥土层呢?""那要看是什么样的手枪和子弹。"因为他对这种不着边际的回答感到不满,就想再提出其他的问题:"你相信从慕尼黑

第二十八天 勉强算是经过了——席亚拉山

到威尼斯要走一百万步吗?""是啊,很可能会超过一百万噢。"我喘着气,希望已经给他满意的答案,这样他就不会再问个没完没了了。"到底是几百万嘛?""我不知道。"沉默了一会儿,然后再问:"一千万?""或许吧。"我一边擦着额头如泉水般涌出的汗水,一边不确定地回答他。幸好他这次对于这个回答感到满意,终于让我松了一口气。

当我们走出森林时,席亚拉山(Schiara)的背面陡壁直接横亘在我们面前,附近还有毒蛇出没,晴天时它们喜欢聚集在南面斜坡晒太阳。当我们穿越这一带时,便非常小心谨慎地走在那条狭窄且长满杂草的小径上,一直往前。后来山径右转并陡峭地往下走,为了安全起见,我甚至用绳索把菲力斯与我拴在一起,对此他兴奋极了。被绳子绑住,对他来说简直像在冒险,充满紧张刺激的感觉。从许多方面来看,他真的只是个可爱的 10

● **慕尼黑—威尼斯梦幻健行路线**

席亚拉山的陡峭岩壁和卡文德山脉的比尔克冰斗峰以及后图克斯冰川的弗立森隘口,被并列为慕尼黑—威尼斯梦幻健行路线的三大标志性地点。这段健行路线不适合有恐高症的人。它的挑战在于爬坡,同时对于沉稳踏步、耐力以及健行时的专注力有较高的要求。下坡路段需要步行三个半小时,坡度很陡,海拔的垂直落差达 700 米。由于只有部分路段两旁设有绳索等安全设施,再者,有些步道的阶梯较高,因此不适合儿童健行。如果避开这条通道,选择那条经过毕昂切特山庄的路径,走起来就会轻松很多。

岁大男孩。

这段下坡路几乎是在森林里穿梭，走起来相当单调无聊。然而，当我们到达林中的一片空地时，看到预订下榻的毕昂切特山庄沐浴在阳光里，我们很是高兴，因为，今天的行程将要结束了。鲁卡斯已经和两位施瓦本少女一起坐在长凳上下棋。他今天上午在皮安德丰塔纳山庄认识了这个来自施瓦本家庭的朋友，对这个年纪的他而言，结交新朋友好像比跟着父母去健行有趣多了。12岁的鲁卡斯已经慢慢地从小孩转变成少年，如果是一年前，他还会愉快地甚至用小飞吻问候我们，可现在几乎连瞧都不瞧我们一眼。

在黄昏降临之前，我们接触的鲁卡斯完全像变了一个人。他觉得跟小孩子们一起玩德式"捉迷藏"好像有点儿无聊，所以现在要所有的大人也一起参与。他站在山庄前的一个阶梯上，跟大人解释游戏的规则，然后询问了十个大人，他们谁愿意担任仙女、魔鬼或是助手的角色。所有被问的先生或女士都犹豫不决或是没有兴趣在这种年纪（或者应该说二十年来第一次）玩"捉迷藏"的游戏。但鲁卡斯坚决不放弃，当两位少女的父亲同意扮演魔鬼时，其他的大人也跟着同意参加了。我们这个平常羞怯腼腆的儿子突然间变成一位秀场天王，所有的大人也都感受到了他的魅力，他们当中有些人今天已经健行了八个小时，却也愿意不顾脚疼而加入这个"捉迷藏"的游戏。一位年过50的奥地利女士要充当"仙女"，便急忙回房间换上她的登山鞋，因为她觉得，穿着宽松的拖鞋，拖着脚走路不好看。至于穿上登山鞋的"仙女"会是什么样子的呢？真的不错啦！足足有20分钟，这些完全陌生的人或相互地追逐，或站着立定不动，或任意地相互触

第二十八天　勉强算是经过了——席亚拉山

及而快跑，充分享受着"谋杀"的乐趣。在整座山庄里，唯独草地上充满着响亮的笑声。山庄老板站在楼上的窗边，看起来似乎不太高兴，一面还小声地咕哝着。这些白天走了远路的健行者，傍晚时分竟然还玩起"捉迷藏"，在他看来，应该是疯了吧。

第二十九天
令人着迷的地方

» 毕昂切特山庄—贝卢诺（Belluno），6公里
» 预定健行时间与实际使用时间均为2小时30分钟

今天的路程要去贝卢诺，不过其中有一段要搭乘巴士。我们已习惯于山中的宁静，对于即将在几个小时后，重新面对城市的繁忙与噪音，心里实在难以接受。我们极不情愿地离开多洛米蒂山区，这几天在这个风景如画的高山地带里步行穿梭，让我们惬意地远离了平日生活的混乱与喧嚣。

离别的脚步愈近，就让我们愈珍惜在山庄的最后时刻，虽然我们不喜欢现在的情况：鲁卡斯和菲力斯简直快把我逼疯了。他们像精神错乱一般在山庄里到处喧哗嬉闹，甚至在主楼的大门外还可听到他们的叫声。追逐戴着牙套的鲁卡斯给菲力斯带来了极大的乐趣。鲁卡斯并不喜欢嘴巴里戴着牙套，而菲力斯却想尽办法追赶他，试着从后面伸手触碰他的牙套，鲁卡斯因为受到惊吓而大吼大叫。当然，这有点半玩半认真的性质，不过，山庄的老板神经也跟着紧绷。"小男孩们，大灾难噢！"他站在我们面前，双臂高举做投降状并翻着白眼。

大概是启程的时间到了，孩子们很快就整理好他们的背包，并跟我们

第二十九天　令人着迷的地方

放在山庄大门外的背包搁在一起。"你们的东西都带齐了吗？"我问道。"当然。"他们大声回答。为了能安心出发，我再检查一遍，确定没有东西落在房间里。不看还好，一看真是令我目瞪口呆：男孩们在打包时，果真不止将另一条备用的裤子落在了房间里，就连他们的帽子、手套及一些小东西也都落在了床上。唉，有些人在山里就好像还在家里一样。

我们终于启程了，走在林间小路两个半小时后，忽然听到了汽车和摩托车的声音。这十几天以来，我们已经习惯于沿途健行的安静和寂寞，对于这阵嘈杂声，还真是不习惯。我们沿着陡坡上的台阶往下走到平地，巴士站就在前面的大街上。

● 贝卢诺

贝卢诺是与它同名省份的首府，因其绝佳的地理位置而格外迷人。皮亚韦河（Piave）蜿蜒地流过市郊，最后注入亚得里亚海。这座小城市的老城区地势较高，有供人休闲的广场、枝叶繁密的林荫小径及满是藤蔓花架的小巷弄吸引着人们在其间悠游漫步。席亚拉山的陡峭岩壁为它提供了一道天然屏障。内维加尔滑雪区就位于对面的山头。前教宗约翰·保罗一世及大画家提香（Vecellio Tizian）都出生并成长于这座城市。贝卢诺跟巴萨诺德尔格拉帕（Bassano del Grappa）、马罗斯蒂卡（Marostica）或维琴察（Vicenza）一样，同属于北意大利的明珠。这些城市没有受到大众观光旅游的青睐，这或许对它们而言并不公平，却也让它们幸运地避免了过度的商业开发。

从多洛米蒂山脉到威尼斯

我们现在安坐在车里,不再仅仅依赖双脚前进,这种感觉实在很特别。司机先生开车速度并不快,我们却感觉风景一直从我们身边飞驰而过。一开始我们看到路旁典型的意式楼房仅有零星几栋,后来房屋越发密集起来,经过郊区后不多久,这辆开自多洛米蒂山区的巴士就抵达贝卢诺了,前后只不过20分钟光景。

一家麦当劳分店就紧邻巴士站,这种美式快餐连锁店对我来说,就好像一个我不喜欢的人,却老是故意在我面前晃来晃去。要进麦当劳用餐,让我觉得有些遗憾,而孩子们却高兴得不得了。"你们答应过的,我们沿路可以进每家麦当劳买吃喝的。"他们提醒着,眼睛甚至发亮。我们很快就意识到:这回逃不掉了。"只要你们吃得下,就尽量吃吧。"我们决定了。"太棒了。"鲁卡斯雀跃不已,并做出一个握紧拳头的贝克式得胜的动作[①]。眼下我们所在之处,令我们感到不会再有更极端的对比了:不久前,我们还在万木葱茏的山林里,而现在却坐在塑料椅上,嘴里嚼着用塑料纸和保丽龙盒包装的所谓"主流食物"(Mainstream-Essen),消过毒的金属材质的餐桌上,还摆着一些纸盒、纸杯及托盘。

四位一起健行的同伴跟我们同样搭巴士来这儿,却已朝反方向前往我们所推荐的平价旅馆"拉塞尔瓦"(La Cerva),这也是我们今晚要住宿的地方。不一会儿,我抓起手机打电话给这家旅馆,从老板娘的回应中我立刻明白,把自己已订房的旅馆推荐给别人,简直是在自找麻烦:"您好!您说德语吗?……是的,很好。我们现在巴士站。我们如何到你们那里去

[①] 网球迷将德国网球明星波利斯·贝克(Boris Becker, 1967—)每次赢球时所做的握紧拳头的得胜动作称为"贝克式拳头"。——译注

第二十九天 令人着迷的地方

呢？""为何是今天呢？你们不是明天才来吗？"沉默半晌。"我刚刚才把最后两间房租出去了！"我们不知如何是好。前面 29 个健行路段，我们几乎每天就像军事指挥部一样，周密地安排，精细地计划，然而就在今天，我们顶着正午的烈日前来贝卢诺，住处却无着落。在地方小城市的中心地段找到一个适当的住宿房间，真的是有点困难。现在老板娘偏偏把最后四张床，安置给了那四位与我们同行的健行者，而且他们还是我们推荐过去的呢。

老板娘后来觉得相当不好意思，"我以前没有发生过这种事呢。"她边说边不停地道歉，无论如何她还有 B 计划。"我打电话给一位熟人，告诉她这件事，请她帮忙张罗。"她说。大约 15 分钟后，我们得知，她已帮我们找到一个私人住处，女主人是她的朋友，应该会在 30 分钟内来接我们。当我们等了快一个小时，几乎想放弃希望时，一辆红色的车子停在拐弯的转角处。她就在那儿。

我们跟着这位女主人到她家后，却发现她先生一直在发牢骚。很明显地，他的妻子将他们的卧室租给我们，让他很不高兴。他烦躁地退到他的工作室，里头几乎塞满电脑及显示器，看起来很像动作片里秘密组织的最高指挥中心，相当的神秘。至少鲁卡斯和菲力斯这么认为。

我们满意地回到市中心。贝卢诺的主广场相当值得一看，小公园里有喷泉，让居民在炎热的夏天里可以在这儿获得些许凉意。街道两旁无数的咖啡店夹在涂满各种颜色的民宅之间，散发着一种独特的气息。当夜晚来临，一座冷清的旋转木马的彩灯亮起，那些色彩缤纷的小木马循环往复地旋转，这种景象让人觉得有些梦幻的感觉，而坐上去的小孩并不多。有时

从多洛米蒂山脉到威尼斯

候,一些路过贝卢诺的健行者会依循内心的某种习性,上去转几圈儿,倒是我们这两个男孩今晚竟然不想玩旋转木马,真是奇怪。

在这样一个星期天的晚上,想要在贝卢诺找一家有户外露台可以欣赏远处山景、气氛温馨的餐馆,其实并不容易。阿尔米拉皮亚韦比萨店(Pizzeria Al Mirapiave)已是最理想的选择。它设有户外用餐区,一支支撑开的大阳伞可以遮阳挡雨。我们坐下来用餐,还可以一边享受美食,一边远望皮亚韦河,还有那带着防卫戍守气息(从这个角度观看)的贝卢诺市区及其后方的那一片葱葱郁郁的丘陵,丘陵地再过去就是内维加尔(Nevegal)滑雪区。我们非常意外地在这里又遇到了约阿希姆和他的健行大军,我们无拘无束地与他们聊天,享受了一个愉快的夜晚。

休息日

与皮亚韦河一起往南方漂流

我们安排今天为休息日。早晨围坐在早餐桌旁,照理说应该泰然自若、心情愉快才是,然而我们却是心浮气躁:一来纯粹是不习惯,有如此多的时间可以自由运用;再者我们必须强迫自己,持续观察天空的积云是否有暴风雨来袭的征兆;另外,我们在山区十几天里已习惯了按计划履行任务,而今天却没有规划行程。我们要去多远的地方?如果我们计划走一个路段,能抵达目的地吗?又会发生什么紧张刺激或令人兴奋的事呢?好吧,什么都不要。我们就要一整天无所事事,单纯安静地坐在咖啡店里,让那些背着背包的健行者从眼前经过,而我们却啜饮着卡布奇诺咖啡,闭上眼睛享受着夏日阳光照在脸上那种微微发痒的感觉。

不过,我们大概从今天起,就不会再遇到熟悉的脸孔了。汉斯与鲁道夫已下了山,应该还会一直往某个地方去吧。我们也无法再见到约阿希姆了。他决定,这趟慕尼黑至威尼斯的长途健行就此在贝卢诺结束了。此刻他已坐上开往威尼斯的火车,从那里再搭飞机回去。他原本不想放弃平地路段的健行,而现在乡愁却驱使他回归并拥抱家庭。也许当我们整个行程

从多洛米蒂山脉到威尼斯

结束,即将返家时,孩子们也会不经意地想起他。

对于大部分从慕尼黑到威尼斯的健行者而言,贝卢诺是他们结束旅行的终点。当走到这里时,他们身处内维加尔滑雪区,高山都被抛在了身后,确实会面临情绪上的重大转折。许多健行者还会回想起第一天从慕尼黑出发、那段沿着伊萨河畔前进、令大部分人痛苦不堪的平地路段。况且,接下来几天无疑会越来越热,高温的因素更加令他们裹足不前。连乌塔与玛莉娜去年也是在贝卢诺结束行程的,不过那多半是因为乌塔的膝盖已完全不行了。

然而,全程从慕尼黑健行至威尼斯对于我们来说,实在太有吸引力了,这令我们无法放弃。凡事要有始有终,既然都已经远道而来,就必须再鼓起劲继续前进,不可以在贝卢诺就停止,或者,至少最后这一段要事后再找别的时间补上。

"不,这里没有露天游泳池。"那位旅馆老板娘也很遗憾,贝卢诺没有这样的游泳设施。不过,人们可以想象得到,这个城市其实有个很

我们在贝卢诺享受了皮亚韦河的露天游泳场

休息日 与皮亚韦河一起往南方漂流

美丽的露天游泳池,只是并非有人经营管理的那种。皮亚韦河流经老城区的岩石的河岸,以及一片绿意盎然的丘陵。皮亚韦河就是一个美妙的"小天地",在那里我们可以玩玩水、晒晒太阳,并欣赏周遭那些如梦似幻的景观。"看哪,我这里有一条鱼。"菲力斯兴奋不已地叫着。小家伙就是行啊,真的徒手抓到一尾小鱼。现在他们兴高采烈地要为这条鱼在岸边挖一个小池子,以便仔细地观察。

"走啰,让我们漂在水上走。"我这么建议,接着他们就放松身体,让水流带着他们漂浮前进。此刻,我们经历了彼此之间最亲密的时刻以及一种永难磨灭、记忆永存的特别感觉:我们让自己被仅及臀部、顺畅流动的水流带着走,我们在充满能量却又极温柔的水流中漂游着,经过右侧河岸的老城区及它的教堂尖塔、乡村风格建筑的房顶及门面。我们还手牵手,从一座石桥底下漂流穿过,似乎朝着远方陡峭的阿尔卑斯山的山峰而去,好像距离并不很远似的。这次皮亚韦河的漂游只有短短的四五分钟,却是一次很特别的经历。光是这一点,贝卢诺就已经是个值得造访的城市了。

从多洛米蒂山脉到威尼斯

第三十天

世界上最怪异的山庄

» 贝卢诺—5° 阿尔匹尼山庄（Rifugio 5° Alpini），17 公里
» 预定健行时间：5 小时；实际使用时间（即使搭乘了缆车）：4 小时 30 分钟

昨夜狂风骤雨，今天早晨街道上还是湿的，空气非常清爽。当我们启程时，沿途经过外观摩登、粉刷着泥土色的意大利独栋住家，鸟儿欢快的啼鸣声不绝于耳。屋前被主人精心照料的小花园生长着壮观挺拔的扇叶棕榈树及茂密的九重葛，楼房窗台上的长条形花盆还种着天竺葵呢。

离贝卢诺市区越远，住家的外观就越简朴，往山上蜿蜒而去的那条公路，两旁的建筑物大部分都是农舍。

我们循着一条林径小道，爬着陡峭的山坡向上。山谷总是雾蒙蒙的，湿气很重，但在山谷里阳光穿透雾气，此时地上的水分因天气放晴而蒸发，空气更加潮湿，让爬坡的我们呼吸更困难。鲁卡斯抱怨说："什么健行，简直是狗屁！爹地，为什么我们不实际一点搭个巴士呢？""因为，我们想尽可能用脚走完全程，而且健行指南上说这一段路很美啊。"我回答。"好吧，听起来很棒。"他带着不屑的口吻说着，并继续往前走。菲力斯通常会在休息日过后有些没劲儿，这段爬坡竟反常地没有说话，他张大口喘

第三十天　世界上最怪异的山庄

着气，落在后面越来越远。席碧勒漂亮的脸庞涨得通红，她一边气喘吁吁，一边嘟哝着。这时没有人跟我说话，我决定干脆走到前面，反正吃重的健行本身就是转移注意力最好的方式，怒气自然就会渐渐地释放而化解。

就这样持续了一段时间，然后他们三人一齐不约而同地冲我喊了起来。他们如此中气十足，精力充沛，让我无法不理会，我不得不停下来。"爹地，等会儿，"孩子们更加生气，"为什么你一直在前面走这么快？"这会儿我宁可选择不说实话，就连水壶里清凉的水我都不想给他们，因为待会儿我会给他们更多的安慰，现在就等着吧。我筹算着到了滑雪胜地内维加尔，就去搭乘登山缆车，不过我准备跟他们开一个玩笑，我会对他们说："我坐登山缆车，把你们的背包一起拿上去，这样你们爬坡就会轻松多了！"当然，现在我宁可沉默，不过后来也没说，毕竟我的幽默不是多数人可以接受的。

当我们抵达内维加尔滑雪场时，对这单调乏味的路途已彻底丧失兴趣。我们真的下定决心，往山上走了三个半小时后，不再爬那个上下海拔落差600米的路来处罚自己了。果然，我和席碧勒立刻从"世界上最坏最卑鄙的父母"（一直忽视搭巴士到这儿来的可能性）突然闪电般地转变为"世界上最有爱心的父母"。"啊，爹地。"菲力斯满怀感激地抱住我。再来份冰激凌吧！这次他们就自个儿独享而不再递给我们了。缆车正在启动，当缆车突然被拉升时，席碧勒发出了一声尖叫。由于缆车的座位过窄过低，她的左脚无法蹬到前方的支撑杆上，当缆车一开动时，整条腿被往后折弯，足背在地面上摩擦了几秒钟，她的脸呈现出痛苦的表情。而几秒钟后，她解除警报："没事了，但是这里确实有点窄。如果坐在这种椅子把自己的腿给弄

从多洛米蒂山脉到威尼斯

内维加尔一片暮霭茫茫,晴天时,在此远眺视野极佳,但今天什么也看不到

断,那真是笨得可以了。"

今天的景观根本就没有期待中的美好。当我们到达山顶,走出缆车站时,一大片浓雾从南方向内维加尔的陡峭山坡袭来,完全将我们包围着。我们穿上厚重的衣物,把自己裹得紧紧的,上头冰冷的风正呼啸着,淘气地与浓雾耍游戏。后来浓雾像是被狂风卷进去似的,打开几个缺口,让我们有几秒钟可以眺望远处的高原,还有那条又被称为"德国高速公路"(Alemagna-Autobahn)的A27高速公路,整幅画面就像一座铁道景观模型,显得小巧可爱。A27高速公路的修筑并未完工,它是将威尼斯和慕尼黑连接起来的一项计划。此计划在20世纪70年代就已经有了雏形,A27高速公路以威尼斯对岸的梅斯特雷(Mestre)为起点,而建到贝卢诺却被戛然终止。依赖观光业为生的阿尔卑斯山村庄的利益团体,当然支持将A27高速公路延伸到奥地利因河谷地,却因遭受环境保护及生态环保人士的强烈杯葛而不果。往后,谁若想直接从慕尼黑到威尼斯,恐怕还是得走路,而且还必须像我们刚才那样,走那条狭长、杂草丛生的山间小路,甚至有的路面窄小到只够让两只脚走过,而且能见度不足10米。就像刚才我们一家人在山坡上感觉被浓雾吞噬,到

第三十天 世界上最怪异的山庄

底自己身处哪儿也看不到，阴森森的，令人毛骨悚然！

昨天我们从远处看到了位于寇尔维森廷峰（Col Visentin）上我们今天的目的地时，根本无法相信，竟会有山庄盖在那里。今天我们站在这座20米高的小山丘前，心情真是五味杂陈，一方面很受它的吸引，另一方面却是震惊与失落。5°阿尔匹尼山庄并不是一栋真正的山庄，而是一个由金属及石块组建成的"噩梦"。我们从某些角度根本看不到这栋建筑物，它的前后左右矗立着许多天线杆（其中最高的甚至达30米）、电力公司架设的电塔以及广播台和电视台的电波塔。此外，人们还在与山庄建筑物相连的小灯塔上安装一些科学仪器和设备。山庄的几栋附属建筑物则是军事封锁区。这一切的一切都彻底地糟蹋了这个山头。

然而友善的老板已准备好要给孩子们惊喜。他带他们到山庄露台前一个临时搭起的棚圈，看一只刚出生的小羊羔，它正用瘦小的腿僵硬地来回走着。它才出生三天，注视这个世界的眼神显得忠实而真诚，它是否会认为，这个世界大部分是由天线及电塔组成的。"啊，太可爱了。"鲁卡斯的心完全被这只小动物融化，稍后人们在给这只小羊喂食的时候，菲力斯一心要帮忙。这只柔弱的小动物如此牵动他的内心，让他几乎不敢冒险地伸手抚摸它，好像一碰，它就会破碎似的。服务人员用婴儿奶瓶喂养这只小羊羔。老板娘非常慈爱地把它抱在怀里，并露出陶醉的笑容，好像是在怀抱自己的婴儿。山庄如此温馨的情景，跟外面那个冷酷刚硬的世界根本不搭，实在是一个很怪异的对比。

"进来，我让你们看看房间。"老板乔瓦尼说着一口地道的德语。这个粗壮如牛的男子，留着长长的、有些花白的络腮胡，引我们走下螺旋梯到

从多洛米蒂山脉到威尼斯

一个光线不足的地下室。当我们目光扫到那没有窗户的通铺时,着实被吓到。潮湿的空间里摆了几张上下叠放的钢架床,天花板很低矮,有一股霉味。"不是这里,我有特别的房间给一个家庭的。"他说着并领我们沿着狭长的走道来到一扇深蓝色胶合板门前。"里头至少有一扇窗户,另外这间只住你们,没安排别的人。"他神情愉快,对于能够提供给我们豪华一点的房间,感到很得意。当然我们很高兴不必下榻于通铺,不过这房间也没有多好,两张铁制的红色双层床的床垫都已凹陷,看起来相当老旧。席碧勒沉下脸。"我真想一走了之。"当乔瓦尼走后,她焦虑地说着,"虽说这是这里仅有的一个像样的房间,但真的不知该说什么才好,我只是害怕夜晚的来临。"

虽然住宿方面不够舒适,然而温馨的起居室及和蔼亲切的老板夫妇让我们受创的心灵得到了一些补偿。5°阿尔匹尼山庄绝对是整条梦幻健行路段中最奇特的山庄。墙上到处悬挂着军用钢盔、徽章、军事用品及照片,还有许多陈列品摆在柜子里。它们都见证了这座山庄从前的军事重要性,以及在第一次世界大战时,士兵在这山脊上必须忍受严冬酷寒的那段历史。乔瓦尼同时还在墙上挂了剪报、证书及信号旗。下面还贴上一些关于慕尼黑—威尼斯路线沿途风土人情的文章,及一张这条梦幻健行路线发起者格拉斯勒年轻时在餐厅开放式大型烤架旁所拍摄的放大照片。乔瓦尼用锡箔纸将照片边缘修补好,上面以签字笔写了几个字:"1974 第一次慕尼黑—威尼斯"。年轻时期的格拉斯勒第一次走这条健行路线时来到这里,曾坐在这个饭厅里,双脚穿着厚羊毛袜烤着火取暖。当时他完全没有想到自己所发现的健行路径,后来竟成为翻越阿尔卑斯山最著名的健行路线之一。

第三十天 世界上最怪异的山庄

乔瓦尼以他的好厨艺著称。所有的餐点都用这如怪物般的、足足有四平方米大的开放式炭烤架现场做成的,客人可以在旁边观看他烹煮的全过程。有时候——依据一些相关的报道——当他被问到究竟今天要供应什么餐点时,他干脆就从冷冻柜里拿出整只猪前腿,让客人自己挑选喜欢的部位。今天这位唱作俱佳的大厨终于要登场了,孩子们一定会高兴得不得了。他先带着锐利的目光描述自己如何烹调西葫芦、茄子、豆子等食材,并以牛或羊的某一部位搭配。他生动而神采飞扬地描述这一切,好像肉块已被油爆香,香气已四溢开来似的。接着他就在大烤架边挥洒自如地变魔术,这让我们领略到,一道美食说起来很简单,但要做到风味独特可不容易。最后美味的餐点一道道变出来,软嫩的匈牙利红烧牛肉佐上味美的酱料,以及我们这辈子吃过的最棒的油煎玉米饼(Polenta)。蔬菜拼盘同样令人回味无穷,而煎肉饼(Hackbraten)——我通常很讨厌的一道菜——真是棒极了!这顿晚餐无疑是整个徒步旅程到目前为止,我所吃过的最棒的餐点。

"嘿,这儿真是温暖舒适啊!"晚上当菲力斯上床钻进他那潮湿且气味难闻的羊毛被褥时,还兴高采烈地说着。席碧勒突然乐了,大笑起来,而我也笑着。我们还是尽量地按捺着激动的心情,无论如何,菲力斯在这种有臭味的小房间——席碧勒甚至称它为"墓穴"——里能感受到幸福,那还真是不错啊!

第三十一天

塔尔佐的一栋别墅

» 5° 阿尔匹尼山庄—塔尔佐（Tarzo），22 公里
» 预定健行时间：6 小时；实际使用时间：8 小时 15 分钟

我们其实也没抱怨什么，乔瓦尼自己却就房间有霉味而跟我们道歉，因为他昨天确实说过，给我们的房间会跟套房一样好。"上头，在二楼，是有足够宽敞、相当漂亮的房间的。"他向我们说明他的难处，"但我只能打扫干净，维持无人入住的状态，因为这是给军队预留的，他们随时可能来住。即使如此，这些铺好床铺的房间根本就是长年空着。"我们实在不能对老板和他太太再苛求什么，如果他可以做主的话，他当然也想提供一个比我们的"墓穴"还要好的房间。他的牧羊犬站在旁边的桌子上，他亲切友善地将它抱在怀里并微笑着。他还一路送我们走出山庄，并开心地让我们为他拍照。乔瓦尼似乎过得很幸福。

我们今天还是无法欣赏到期待已久的远眺景观，只是依稀看到远处那开阔的平原一直延伸到海边。孩子们一直想知道："到底威尼斯的正确位置在哪里？"我们明显地感觉到，当每次想到这条健行路线的终点已经不远时，心情就会振奋起来，每走一步，兴奋感就加添了一分。

我们轻快地走在碎砾石铺就的车道上。顺着盘曲的道路下行，路旁尽

第三十一天 塔尔佐的一栋别墅

是杂草丛生的荒草地和小山坡。孩子们跟我们保持着蛮远的距离。他们互相叙述着自己杜撰的故事，时而咯咯地笑，时而放声大笑。一连几个小时，他们就这么走着，笑声不绝于耳。他们如此放松心情徒步，还真是少见呢。

突然间我们发现了一个木制的双向路标告示牌，上面那块路标是以粗黑的画笔写的，右边箭头指示往慕尼黑方向，左边箭头指示往威尼斯方向。原来这个告示牌是山庄老板乔瓦尼所立，而且告示牌的照片就是我们旅游指南的封面照片，由于我们忽然站在它面前，没有清楚地了解两个路标所指示的内容。其实，乔瓦尼在下面那块较大的路标上已经标示得很清楚，我们应该循着箭头指示往上走，而不是沿左侧的路径往下走。为时已晚，等到我们后来搞不清楚

此路标是5°阿尔匹尼山庄老板乔瓦尼设立的；我们竟忽略了最重要的路标信息而走错路

从多洛米蒂山脉到威尼斯

身在何方而拿出地图时，才猛然想起，我们依照上面那块路标往左转是错的，"左边—威尼斯"的指示其实是方位的指示，而不是路径的指示，当时我们如果好好留意下面那块路标的指示，就不会走错路了。不过，就算了。由于我们已经走了很长一段路，并不想再折回去了。

如诗如画的小镇莱维纳（Revine）就位于山谷里，后方就是同名的莱维纳湖（Revine），再后面是拉果湖（Lagosee）。此时正午刚过，离黄昏尚早，恰好可以让我们在湖里玩玩水、游游泳。小男孩们为此雀跃不已，已经准备到湖里戏水打闹。真不错，这表示他们对于四个半小时的下坡路程没有疲劳和酸痛的反应。

此时，每走一步就感到气温越来越高。刚刚下山，现在所走的路是一条狭窄、汽车无法通行的柏油路，我们一路走来，大汗淋漓。对于这种天气现象，我们要等到翌日上网才能真正了解。记得在一个关于健行的网络论坛上，就有一个叫布利留的人针对热浪提出警告："还不到中午时分天就已经热得不得了了，我们在天边现出鱼肚白的时候就起床出发了，就这样趁早赶路，才能保证两个小时内还不至于太热。"我们想，情况若不得已时，我们也只好效仿他们。

事实上莱维纳湖共有两个湖泊，它们之间没有相通的水道，只由一座细长的小桥将彼此连在一起。我们遇见的第一个湖真是令人失望。岸边长满茂密的芦苇，怎能在此游泳戏水？两个男孩看了后，内心充满挫败，很不情愿地沿着湖边拖拖拉拉地走着。"枉费我们刚刚还那么高兴。"菲力斯失望地抱怨。然而，幸运的是，第二个湖出现了。它稍大一些，沿着岸边往前走几分钟就到了，我们甚至还发现有一段湖边与沙滩很相像。有位仁

第三十一天 塔尔佐的一栋别墅

兄偷偷地在湖边钓鱼,当他发现我们一家四口时,便立刻无声地换地方了。

我们还比赛看谁以最快的速度换好衣服,看谁最先冲进水里,这真是令大家亢奋不已。最后是我赢了。鲁卡斯生气地叫唤:"我找不到我的泳裤。"菲力斯因为无法快速扣上鞋带,这会儿便粗鲁地想要光着脚跑进水里,却被我严厉制止了,因为赤脚可能会踩到玻璃碎片,所以他只得乖乖穿好凉鞋。这么一来,我当然可以轻松地领先他们一大截儿,开心地跃入水里。"爹地真坏!"

从莱维纳湖走到塔尔佐并不远,大约只要一小时,途中我们还要征服一小段斜坡路呢。天气热得真叫人喘不过气来,因此我们不得不尽快走完其余的路程。塔尔佐是个典型的意大利"道路村落"(Straßendorf),一条龙式的聚落就位于道路两旁,专门为路过的司机和旅客提供服务。村落房子的外观没有特色,不太吸引人;卖日用品的商店有好几个小时的午休时间,教堂的建筑大得令人吃惊。当然,还有生意兴隆的冷饮店。我们答应孩子们可以光顾路过的每家麦当劳,由于他们一直没什么斩获,我们便修改游戏规则,把麦当劳改成冷饮店。这么一来皆大欢喜,不只孩子们很高兴,连当爹地的也很开心呢。

人们总会遇见旧识,频率还真高,而且总是出乎意料之外。我们前方有两个背着背包,戴着宽大的帽子,沿着道路奋力地爬上斜坡的人,当他们发现冰激凌店的霓虹灯时,就随意往那儿走去,而我们已经远远地认出他们。他们是嘉比(Gabi)和施特凡(Stefan),之前是属于约阿希姆团队的。

我们在冷饮店吃过冰激凌后,便和嘉比及施特凡一道上路。其实这儿离我们预订房间的那家一星级旅馆没多远,只有几分钟路程。我们也开始

从多洛米蒂山脉到威尼斯

怀疑5° 阿尔匹尼山庄到底是几星级。"我们喜欢说旅馆是几星级，那有没有负几星级的旅馆评鉴呢？"席碧勒开着玩笑说。我们后来往左拐个小弯儿后，就在右侧街角处，看见一幅美丽的画面：一条小径通往一扇敞开的铁门，门后头有一处铺着鹅卵石的广场。画面中央有一栋三层楼的庄园式建筑，前面有几棵被修剪成半球状的小黄杨树，右侧有一座小型夏季花园，在那儿可以瞭望远处山谷的全景，景色很美。"欢迎光临爱匹尼（Ai Pini）旅馆。"老板娘站在门前，腰间围着白色的老式围裙，带着最诚挚的微笑，高兴地拍着手并问候这两个小家伙，"你们好啊，好棒的小男孩！"

这里的气氛立刻让我们感觉像在家里。爱匹尼旅馆对于每个怀有浪漫情怀的人而言，都是一个小型的梦幻天地。整栋房子散发出传统意大利旅馆独特的魅力。虽然它最辉煌的日子已过去，但仍被维护保养得非常好，简直无懈可击。女老板总是高声地与她的伙计交谈工作。厨房足足有100平方米大，大量的平底锅挂在铁钩上，巨大的锅子置放在炉灶上，一个将近三米高的开放式烤炉用来做烧烤料理。"您请进。"女主人让我看烹煮用的锅子，并且乐于让我知道一些烹煮晚餐所需要的食材、汤品及各种酱料。不到傍晚，料理就已经在锅子里煨煮，整个厨房香气四溢，让人垂涎三尺。

我们走上看起来沉甸、厚重而结实的橡木楼梯，到二楼一个微长的大厅。厅的两边各有几间凉爽的房间，吸引我们来段小小的穿越时光之旅：经过细腻锻造、具备高度艺术价值的铁床上铺就白色、刚熨烫好的床单。古典风格的家具已然修复过，不过它们都是生活的日常用品，而非仅供参观的博物馆展品。此外，还有一个装有两只水龙头的老式洗脸台，让这个房间的设备更加完善。没想到人们在一间房间里能感受到如此多的幸福，

第三十一天 塔尔佐的一栋别墅

不像我们昨晚那样,必须忍受屋内的潮湿和霉味。不过,这种老式建筑的浴室都设在长廊上,如果想泡热水澡,就必须走到房外。爱匹尼旅馆真是让我们留下深刻印象,我想,不定什么时候我们都会再来的。

意大利人喜欢在室内用餐,而德国人感觉在户外的星空下进餐比较幸福。因此,当餐厅已坐满,一个座位都不剩时,我们和嘉比及施特凡就自行坐在葡萄藤蔓下的露台,倾听着蟋蟀的叫声,眺望远方的山谷。即使我们这几个德国人在户外用餐,我们也跟其他人一样,津津有味地吃着爱匹尼美食。今天的晚餐包含:以奥勒冈叶(Oregano,即牛至草)调味的烤小牛肉作为主菜,副菜则有鳀鱼、旅馆自制的鲑鱼宽面、意式蔬菜、沙拉、鸡肉,以及一道很吸引人的餐前菜:把西红柿、小黄瓜还有烘烤过的白面包切丁混匀后,再淋上最精致的橄榄油。孩子们却明确表示,这些餐点他们都不喜欢(我们也不想让这样的坏家伙糟蹋它们)。"呃……"当鲁卡斯发现他盘中的配菜有红色菜豆时,有点像被吓着似的颤抖。他只能捏住鼻子往下咽,然后不断地说:"这怎么那样恶心啊?"

当我们还在享用餐点时,鲁卡斯与菲力斯像是被宠坏似的,悄悄地溜回了他们的房间。他们一定又想策划些什么!后来他们终于喜乐地又再度站在我们面前,手里拿着一张清单。"我们要提高我们的度假津贴,"鲁卡斯声明,"所以我们有一些计划。"等到我们走完全程,接着抵达克罗地亚海边"开始度假"时,这一份有关按摩及小型划船服务等十项收费标准的清单,就会在那两个礼拜的海滩假期里派上用场。这时我和席碧勒是雇主,而他们是员工。他们会安排统筹这些服务,而以一种小额的古希腊钱币(Obulus)来计算费用。例如,一次按摩的收费大约半欧元,相当低廉。对于这种好事，我们当然不客气了。

南欧人通常很晚才开始吃正式的晚餐，意大利人也不例外。当最后一批来爱匹尼旅馆用餐的意大利客人抵达后，庭院的大门终于锁上，而我们已经走在通往寝室的长廊上，准备去就寝了。现在是晚间10点，对于健行者来说，正是一个标准的就寝时间。

第三十二天

普洛塞科葡萄及隐密的修行中心

» 塔尔佐—蓬泰代拉普里乌拉（Ponte della Priula），28公里
» 预定健行时间：6小时30分钟；实际使用时间：9小时45分钟

    依照旅游指南这一指示："走一条穿越葡萄园的僻静小路。"我们今天早晨8点钟就出发了，如此一来，在气温飙高之前还能凉爽地徒步一段时间。我们今天的行程长达28公里，这样的距离实在不得不令人佩服。沿路的景观则完全迥异于过去这十几天在阿尔卑斯山区所经历的：这里没有无法逾越的陡峭山崖，只有平缓的山坡，周遭的景色到处是绿油油的一片。这些山坡全都栽种着酿酒的葡萄，特别是普洛塞科白葡萄，此品种在这个意大利东北部地区生长得特别好。

    这段路走起来并没有负担而且非常快活。我们穿越人烟稀少的山谷地带，经过一些残破不堪被废弃的农舍，还发现一座洋溢着异国风情的印度教修道院，它隐藏在两个山丘之间的参天大树的后面。一条迂回曲折的小溪潺潺地流经这座修道院。处于如此幽静的大自然中，对于那些寻求内在

---

① 意大利东北部的特雷维索省（Treviso）及威尼斯省（Venezien；以威尼斯为首府）以栽种普洛塞科白葡萄著称。以普洛塞科葡萄制作而成的气泡酒是全球最受欢迎的意大利白酒。——译注

从多洛米蒂山脉到威尼斯

普洛塞科男爵的一处别墅

宁静或神启的人而言,这里肯定是一个圆满和谐的小天地。

葡萄园所在的山坡地越来越平缓,我们慢慢地走向皮亚韦河流域的低洼地带。接着踏上一条该死的柏油路,方向明确地引领我们一路往南。这一带居民看起来似乎相当富有。在道路的两旁,精雕细琢、装饰华丽的房子,富丽堂皇的老别墅及葡萄酒庄鳞次栉比。当我向其中一栋豪邸猎取镜头时,一位体形浑圆、上了年纪的老先生开着车,从铺满鹅卵石的单行道上驶进去。他知道我觉得他的别墅很漂亮,为此他相当高兴。"来杯普洛塞科酒?"他问我,脸上挂着迷人的笑容。"好啊。"我回答。这时我以为席碧勒和孩子们应该会在庭院单行车道前等着过度沉迷于拍照的我,甚或还会随后跟过来。然而,当我发现情况并非如此,他们非但没有等我,反而径自前进时,我就开始感到有些压力与不自在了。这位意大利老先生在他的庄园里和我分享了他所拥有的悠闲生活与安宁,然而我却明显地过于放松而没有掌握好情况。直到这位普洛塞科男爵——从

第三十二天　普洛塞科葡萄及隐密的修行中心

他的外表、风度及其别墅的派头，我觉得他应该是意大利贵族——走到房子门口，动作迟缓地从裤子口袋里掏出钥匙为我开门时，孩子们早就走远了，大约在可听见我喊叫的距离之外。"不好意思，妻子、孩子们，向前走了。"我努力用我那蹩脚的意大利语向他解释，并且伸着我的右臂指着威尼斯方向。看起来，他可以理解我的意思。他客气地笑着，没有因我的窘态而笑话我。我也微笑着，跟他握手道别，接着我迈开腿快速追赶我的家人。"我们会再找时间来这里体验普洛塞科酒。"我用德语说着。他虽一个字也听不懂，却仍一直微笑。我向他告别后，他在我身后一直目送我，久久才离开。

现在的天气不是一般的热，而是炎热。日中，正是意大利人的午休时间，只有我们四人在马路旁走着，街道及商店空无一人，好像整个村落已被人们废弃。这让我想起一句很有意思的希腊谚语："中午时分，还在赶路的只有驴子和观光游客。"不过，我倒要看看，我们在路途上还能再找到什么。

"这里有一家冷饮店。"在我们抵达小村庄巴比斯安罗（Barbisanello）时，我郑重地向大家宣布我的发现，这引发了一阵骚动，孩子们兴奋地尖叫起来，但是很快地大家就恢复了理智：情况很清楚，我们白费一番力气，街上既然什么都没有，所有店家都关门午休，又怎会有卖冰激凌的呢？要去咖啡店"图托葛拉托"（Tutto Gelato）吃冰激凌，就得绕路，至少再走15分钟。大伙儿绷着一张脸，不吭一声，强忍愠怒，继续拖着沉重的脚步在无止境且毫无特色的街道上走着。一路上孩子们的状况还算可以，但席碧勒就完全累坏了。当我们终于抵达那家咖啡店时，抢着吃都来不及了，还

从多洛米蒂山脉到威尼斯

要说什么多余的话吗？然而，除了这一句："我能再吃一个球吗？"再清楚不过了，我现在只要开口说话，便是三句不离冰激凌。

后来我们循着一条景色令人神往、走起来却有点冒险的小径跨越一条小溪，从葡萄园中间贯穿而过，并翻越一座小山坡，来到一条有车子行走的公路。这时，我们并没有太多的期待。走在这平地路段虽有其魅力所在，但我们并不喜欢，也很少在道路上行走。

我们已经在路上走了五个半小时了，明显地觉察到步行的速度越来越慢。刚刚吃冰激凌休息了一小时，即使当时觉得神清气爽，现在那股清凉的感觉也早已消失殆尽。当科拉尔托城堡（Collalto）那巨大的城墙在我们眼前出现时，我忖度着："我们可以停下来参观这座城堡，这样孩子们应该会再度活跃起来。"相对于建造城堡的梦想家，我们当父母的又能够扮演什么角色呢？"不！我认为这城堡根本没什么好看的。"鲁卡斯以叛逆、充满挑衅性的语气说，瞬间城堡所带给我的浪漫绮想全被击得粉碎，"别管它了，你们想都别想！"

为何鲁卡斯对科拉尔托城堡没有兴趣？我实在不理解。他向来一直很喜欢骑士，他的房间早已布满了模型玩具及乐高积木做的城堡，从房间正中央到窗边短短的距离，全都被他布置成十字军东征的场景。他喜欢画城堡，在电脑上玩骑士战术的游戏，与他弟弟展开军事对抗，而对眼前的一座真正的城堡却不感兴趣。这时他一言不发地继续走着，或许是因为有个疯狂的老爸无论如何要徒步走到威尼斯，对他来说这已经够他受的了！

我们走在一条漫长、孤寂的道路上，准备征服整个梦幻健行路线的最后一座山坡。路途的右侧为我们开启辽阔的视野，让我们可以望向人口集

第三十二天　普洛塞科葡萄及隐密的修行中心

中、建筑密集的平原地带，还有南边那一大片广袤的低地。低地的尽头就是海洋，终点威尼斯已经在那儿等待我们。由于已经开始起雾，因此那条我们在几小时内就可以抵达的皮亚韦河，看起来并不太清楚，就像一条镶了绿边的皮带。

即使很累，天气又热，但我内心却越来越欣喜，也越来越感到满足。每跨出一步，就显示我们走完全程并成功抵达目的地的可能性越来越高。走完了这条大路之后，我们又步行了足足两小时，接着到一家冷饮店吃冰激凌。休息过后，又继续上路。后来席碧勒实在支撑不住了，干脆又进了一家冷饮店坐下，脱下靴子。这回她可不吃冰激凌，而是点了好些冰冷的矿泉水，陆续地把这些以升计价的冰水洒在烫热的双脚上。

我们将席碧勒从冷饮店的椅子拉起来，又继续上路前进。我承诺让大家在皮亚韦河里短暂地游泳戏水，现在它的河堤就在我们前方 500 米处。我们以稳健的步伐朝河堤走去。这种

两个男生聊着天，向着通往徒步的最后一个山坡大步流星地前行

从多洛米蒂山脉到威尼斯

亲水的期待总是鼓舞着我们前行。

我们来到皮亚韦河前。接下来我们会沿着它继续前进,直到离亚得里亚海出海口不远才会与它告别,往南走向威尼斯。这段河道很宽,河水分成许多大小不同的水道,冲刷着河床上露出的一大片砾石。左右两侧都有河堤,可以在阿尔卑斯山区融雪时抵挡较大的洪水。河堤上的路走起来很轻松也很舒服,如果我们不是已经累垮,就更能乐在其中。当我们终于看到横跨在皮亚韦河上的那座大桥时,已是下午 4 点时分,而我们知道离今天的目的地已不远了。

席碧勒在砾石河滩上迅速地换上她的比基尼泳装,这时我们远远看到一位骑自行车的人在山坡道上经过,当他看到有个女人竟如此大方地裸露身体时,几乎差点儿从自行车上跌落下来。意大利的民风比较保守,这一幕让我大笑,席碧勒则若无其事,事实上情况如此急迫也令她无法理会。"如果我把双脚踩在水里,顿时河水就会变热,开始沸腾。"她嘴里咕哝着。当然,河水怎会沸腾?不过,我知道,席碧勒在冰冷的水流里泡过澡后,她的心情又会变得很好。

事实上我们本来打算在河里多玩一会儿,但实在饿坏了。我们在火热的太阳下走了 28 公里,这期间只吃了冰激凌和蛋糕,我们饥肠辘辘,想要吃大比萨和一大盆沙拉,已然是垂涎欲滴了!不过想归想,暂时还吃不到。

我们走到了蓬泰代拉普里乌拉,这个小镇虽然名字听起来相当亲切可爱,实际上它却如地狱般混乱。大桥的左侧通往威尼斯的联邦公路,有一个专门为长途司机提供各式服务的"道路村落",这里有许多破败的酒吧和平价旅馆,无止境的车流让这个聚落唯一的道路充斥着废气。我们进去看

第三十二天　普洛塞科葡萄及隐密的修行中心

了一下那位于大桥边、看起来相当破旧的旅馆，就打算今晚在那里下榻。旅馆有两位颇有魅力的年长女士给我们两间客房，附早餐一共索价96欧元。我们的金发男孩非常讨其中一人的喜爱，她想要亲吻他们，孩子们却有点受惊，及时避开，还发出长长的一声"呃……"，这大概就不须翻译给她听了吧。

蓬泰普里乌拉旅馆散发着一丝古老的文化魅力。这栋两层楼、朴素无装饰的房子有个朝外伸展的餐厅，每张桌子上的餐具都摆得很整齐。二楼通往房间的走道上铺着红色丝绒地毯，布置简单，干净清爽，颇有古代的文化气息，只不过我们两间房间的床铺都有部分损坏。当下我们认为，自己今天已经走了九个小时四十五分钟，根本没有力气再走了，于是我们便决定在这里过夜。人们常常欺骗自己，事实上，我们接下来又多走了好多冤枉路。

"不，我们没有比萨。"旅馆的女老板对我们的询问摇了摇头："不过我知道你们可以去哪儿。沿着大街往下走几分钟就有一家很好的比萨餐厅。"然而，说是几分钟，我们却整整走了20分钟。我们怀着糟透的心情往不甚美观的聚落中心"漫步"而去，这期间公路上有许多卡车从我们身旁半米的距离呼啸而过。我无法迈开大步走，拖着脚步也不行，内心不断地咒骂，外表却仍装作一副充满自信、泰然自若的样子。在眼下这个艰难的时刻，我们必须维持自己的幻想，假装在这儿的一切都会很顺利。

我们拿着旅馆老板娘给我们的名片，来到这家卖比萨的"餐厅"。然而它根本只是一家内部毫无装潢、外部装设着霓虹灯、整体明亮却惨白的快餐店，里头只立着几张高高的小桌子，供点餐的客人站着吃东西。看到这一幕,我们真是相对无语。

"请问这附近哪里有可以坐下来用餐的比萨餐厅?"我问那位亲切的女服务生,她不清楚,但主厨对我们很好,他提议在后院为我们摆张桌子,让我们可以坐着用餐。然后,他突然想起一家"餐厅"。"离这儿只有3分钟路程。"他开心地说着。我想他指的三分钟应该是"车程",他并不知道我们是走路来的。"回到桥那儿,对面就有一家很棒的意大利餐馆。""那里并没有啊。"席碧勒叹着气。我们后来又花了二十分钟走回去,路过我们下榻的旅馆,又花了将近五分钟走过皮亚韦河大桥,才到达用餐的地方。这真是一出很无厘头的闹剧。我们健行了九个小时四十五分钟后,又花了将近一小时的时间,只为了找到一家距离住宿的旅馆仅五分钟路程的餐厅。我倒很惊讶席碧勒和两个儿子的反应,他们全程几乎毫无怨言。

后来的情况更令我们好笑!我们事后才知道,我们住的那家蓬泰普里乌拉旅馆就是以它的美食料理著称,而且全套晚餐有多道丰盛的菜肴,包含葡萄酒及矿泉水,仅收费 10 欧元。

可能是由于白天发生的事还不够多吧,我居然糊涂地关掉冷气空调。这时房间不凉了,街上那温暖、饱含废气的空气全进来了!第二天早晨起床时,我们都全身浸泡在了汗水里。

第三十三天
世界上最大的钻石

» 蓬泰代拉普里乌拉—波卡卡拉尔塔（Bocca Callalta），26公里
» 预定健行时间：6小时；实际使用时间：10小时15分钟

大约在7点半，我们已准备就绪要出发了。今天动作必须迅速，才能在中午热浪来袭之前赶完路程，或是干脆一鼓作气，抵达我们已预订的农家民宿。我自己推测，今天的健行大约在下午一点半能结束，但这可说不得，否则那三个人免不了又要对我来阵冷嘲热讽。

我们朝着大桥方向走了几米远，在一栋石块砌成的大型建筑物前方左转，就到了皮亚韦河的堤岸边，今天的行程就从这里开始。我们又再度朝南前进，才没走几步，就听到车子喧嚣的噪音。然而，我们却越来越起劲儿，因为威尼斯已经不远了！

走了几百米后，河堤已被长满的灌木丛覆盖而过不去。我们只好绕道，先穿过一个砂石场，往右绕过一处军事基地。当我正拖着脚步缓慢地走上一座沙丘时，菲力斯突然大叫，我吓得往后退了几步，然后看到他一脸笑意盈盈的表情。他在沙堆里发现了一颗透明的、如鸽蛋般大小的水晶，并得意地递给我看。"你快仔细看，"他讲话的神态带着一种幸福感，"这次我

从多洛米蒂山脉到威尼斯

终于找到这个,挺有价值的吧!"对于一个 10 岁的孩子而言,这个世界还是充满魔力的;而对于这个 10 岁孩子的父亲而言,是他使自己回想起童年的时光。我思索着,我是个孩子的话,我到底会想些什么呢?不过就是单纯让梦想飞翔,让想象力翻筋斗罢了!也许那时我曾经梦想过,将来要把世界上最大颗的钻石握在手里。

在滚烫热辣的暑气中行走了几个小时后,突然间我们又和嘉比与施特凡相遇了。昨晚他们也住在蓬泰代拉普里乌拉,今天比我们晚起程,但因为走得快便超过了我们,然后像一阵风似的,很快又从我们的视线中消失了。

我们在树荫下的午餐乏善可陈,有涂上奶油的烤迷迭香大蒜面包片,另外配上意式萨拉米肥熏肠(Salami),这种餐点实在让我有点儿咽不下去。不久之后,好像是在上演"兔子与刺猬"的故事①一般,这次嘉比与施特凡又再次从后面赶上了我们,这实在令人糊涂,他们不是已经走在前面了吗?如何又落到我们后面呢?

天气依旧炎热,令人难耐,然而,西方的一片乌云逐渐笼罩了整个天空,暴风雨似乎就要来临了。吃过午餐后,正午才刚过,依据行程的信息和规划,我们应该快到今天的目的地了,这样一来,下午的剩余时间就可

---

① "兔子与刺猬"是一则流传在德国北部的民间故事,最早由低地德语作家威廉·施罗德(Wilhelm Schröder, 1808—1878)于 1840 年发表于汉诺威(Hannover)的报纸上,后于 1843 年由格林兄弟(Brüder Grimm)将它收录于格林童话中。该故事描述一只骄傲的兔子轻视动作缓慢的刺猬,刺猬于是提议要跟它赛跑。刺猬使用障眼法,先叫它的妻子待在终点处,每次兔子跑到终点时,便误以为刺猬本尊已捷足先登,在终点等它了。兔子不甘心,决定要一直比赛到赢为止。接下来连续 73 次的竞赛,结果都相同。兔子终于在第 74 次时,力竭而死。——译注

第三十三天 世界上最大的钻石

午间的热浪来袭,难耐几乎无法承受,只好在树荫下避暑午休

以好好休息,消除疲劳。不过,我们上路的时间已经超过原先计划的六个小时。哎呀!总不能太过离谱吧,而且路标指示很不清楚,此时我甚至得拿出指南针帮忙找路。相当不幸的是,我们选择往东走,而这根本就大错特错。

　　我们在一栋农舍前,又再度和嘉比及施特凡告别,他们今天要继续赶往波卡卡拉尔塔,我们则打算在附近下榻农家民宿。因为我们已经搞不清楚方向,不知道今晚已预定的住处究竟在哪里,便去向农家询问。一个农家的奶奶、爷爷、孙子辈、年轻的妈妈,一大家子的人从屋里拥了出来,兴高采烈地七嘴八舌,希望能对我们有所帮助。"不要意大利语,最好是英语。"我试着解释,我需要能说英语的人。"稍等一下。"这家的一位年轻儿子说着并匆忙跑进屋里。接着足足有15分钟,我们一直站着,感觉背包越来越重,大腿用酸痛来发出抗议,而且乌云已越来越逼近。又过了5分钟,

回眸难以忘怀的阿尔卑斯山

这位年轻人才又出现在我们眼前,满面春风地把一张纸片递给我们。原来他在里面用铅笔为我们画了一张街道图,真是令人感动。然而,我们现在如何再度摆脱数字的魔咒?事实上我们进退两难,继续前进或原路折返的里程数看来都差不多。实在不想在情感上伤害他,但我们确定不要遵照他所建议的,先花45分钟折回,而宁可继续走到波卡卡拉尔塔,到了那儿或许整个路况会比较清楚。我小心地向他解释问题所在,由于语言障碍,我

第三十三天 世界上最大的钻石

们无法完全了解对方的意思。然而,当我们精神抖擞地往错误的方向——依据他的意见——继续前进时,这一家人友善地向我们挥手告别。

不久之后,天空飘起细雨,然后打雷、闪电,并且不出所料地开始下起倾盆大雨。我们逃到一栋荒废农舍的宽大屋檐下避雨,席地而坐,尽可能让自己舒适些,身旁都是一些老旧生锈的收割机与弃置在地上生锈朽坏的铁犁。席碧勒由于行程中断而闷闷不乐,不过,也可能她只是累坏了。此时当我想帮她拍照时,她立刻回敬我:"快别,停止!"即便如此,她脸上仍挂着浅浅的笑容,而我仍按下了快门。

在快到达目的地时,又出现了一个小惊奇,现在兔子与刺猬的赛跑又进入新的一轮:嘉比与施特凡正在我们身后的远处一拐一拐地走过来,看得出来施特凡的脚伤似乎相当严重。

我们今天从皮亚韦河大桥启程,已经走了整整10个钟头,幸好预备留宿的旅馆就在不远处,看来我们终于得救了!只要再忍耐15分钟,就可以脱下健行鞋,舒服地冲个热水澡。我们的四人房朝向大街,因此夜里不可能打开窗户,但经过这一整天的折腾后,恐怕把睡床直接摆在街道旁,我们还是会照睡不误。

今天的路段美吗?在平地健行值得吗?这类问题我们不断重复地问自己,而总是找到相同的答案:绝对值得。这种健行体验与在山区完全不同,但它也是这条梦幻健行路线中的一个美丽的同心圆。

要慢慢地收拾好心情啰!在不知不觉中,我们已逐渐接近一个了不得的目标:威尼斯。

从多洛米蒂山脉到威尼斯

第三十四天
循着海明威的足迹

» 波卡卡拉尔塔—卡波西勒（Caposile），24公里
» 预定健行时间：6小时；实际使用时间：8小时30分钟

今天是整个健行旅程的倒数第二天，走在路途上转身回头时，我们的视野竟越过一片宽广的平原，触及远方高处那一座座被白雪覆盖的阿尔卑斯山群的峰峦，真是出乎意料之外！由于早晨的雾气渐渐地消散，我们可以比较清楚地看到每个山峰的轮廓及细节。真是令人惊讶不已，那些我们曾留下足迹的山峰，现在已经离我们如此遥远。

河堤的左右两侧有一大片玉米田向远处延伸，看似葡萄园的山坡农地绵延了好几公里。有时我们会经过那些老旧的、逐渐坍塌的农舍，它们对孩子们而言，是最有吸引力的。接着，在路途中，就在某个时候，嘉比与施特凡又超过了我们。

我们两次在曾松迪皮亚韦（Zenson di Piave）这个小镇上迷路，浪费了整整一个小时。在绕路的途中，我们经过市中心时，还看到一座纪念第一次世界大战阵亡将士的纪念碑。这让我们想起美国小说家、诺贝尔文学奖得主海明威（Ernest Hemingway, 1899—1961）曾经在这一带作战受伤，他

第三十四天　循着海明威的足迹

在皮亚韦堤坝上，菲力斯很开心，扛着一根芦苇枝前行

的半自传体小说《永别了，武器》（*A Farewell to Arms*，1929）就是以他在"一战"期间于皮亚韦河流域的亲身经历为基础写成的。

又过了三个小时，我们穿越了通往威尼斯的高速公路。我们站在上头的天桥俯瞰，看着公路上各种款式与颜色的车子急驰而过，还蛮吸引人的。不过，我这时倒想起《明镜周刊》前亚洲特派员提奇亚诺·铁尔查尼（Tiziano Terzani）所讲过的一句话："用双脚走路，才能缩短距离，找回价值。"谁如果像我现在这样，穿着健行靴站在高速公路的天桥上，至少在这个时刻一定能深刻地感受到这句话的真正含义。

我们走到高速公路的另一侧，重新上了河堤。比起高速公路熙来攘往的车流，这里的步行环境舒适而安静，在三四米高的堤岸上行走，视野更加辽阔，周遭的景色也更为撩人。嘉比与施特凡又再度赶上我们，对于他们如何超越又落后我们这件事，这次我们根本不想再问了。

我们终于碰到第一个实际跟威尼斯有关的路标，这个立于路边的路牌告诉我们，一连努力了三个夏天的目标，此刻离我们有多近了："威尼

从多洛米蒂山脉到威尼斯

斯36公里。"接下来，当我们走地下通道穿越去往耶索洛（Jesolo）的快速道路时，我们便知道，今天的目的地不远了。再往左拐一下，那座长长的、我们一直盼望尽早看到的、装饰得美轮美奂的铁路天桥出现了。后头一座浮桥衔接到远处运河的河岸，我们终于看到了那座农舍民宿——艾尔巴·玛塔（Erba Matta）。嘉比与施特凡已坐在门口的一张长凳上，正津津有味地吃着他们刚从树上摘下、翠绿多汁的无花果。这次轮到我们赶上他们了。

我们还聊了一会儿天，再度彼此告别。这次离别后，可能不会再见面了。"我们今天还要再往前赶一大段路，明天起，我们会在威尼斯的公寓待一个星期。"施特凡叙说着。听起来迷人极了，这绝对是认识这座潟湖岛城市的好方法。

这栋呈长条状格局的农家，屋顶上插着一面迎风飘扬的旗帜，主人还饲养了一大群大大小小、老幼皆有的猫和狗。农庄女主人对动物很有爱心，无论在任何地方被弃养的，或在街道上被撞伤的小动物都往这里送，她都接纳。这里所有的动物都是她的宝贝。孩子们看到这七只狗和十四只猫也兴奋极了，这些动物们也很喜欢这两个男生对它们亲昵而温柔的抚摸。

我们去附近一家小吃店吃晚餐时，试着让自己的肚腹提前适应海洋的食品。那里供应着蟹肉蛤蜊意大利面，鲁卡斯也开心地享用他最爱的贻贝料理。我们全都非常满意，并沉浸在等待重要时刻来临的喜悦。现在一切终于豁然开朗，我们即将抵达目的地，明天蔚蓝的大海就在眼前！

第三十五天

脚趾间的海水

> » 卡波西勒—威尼斯，34公里
> » 预定健行时间：8小时30分钟；实际使用时间：11小时15分钟

厚厚的乌云在低空中逼临，感觉即将要降落地面。看来暴风雨就要以万钧雷霆之势朝我们直冲而来，因此，我们曾犹豫今天是否应该贸然启程。虽说如此，为了征服这条梦幻健行路线，我们还是满怀豪情壮志，迎向最后一段长达34公里的路程。不然时间一直往后拖延，也不是办法。

此外，我们的出发时间还可能因为今晨这顿农庄的早餐而决定顺延。它绝对是整趟健行行程中最丰盛的一顿早餐，品种丰富，有农庄自制的绿色番茄果酱、种类多样的蛋糕以及刚从树上摘下的新鲜无花果。我们吃得都忘了时间了，不过也没别的选择，当我们背上背包启程时已超过九点。此时大块大块的云团时而往右、时而往左移动，有时撕裂分开，但很快又聚集成乌压压的一大团。后续情况实在难以预估，只好出发了。

农庄的主人及其家人都聚集在门口向我们挥手，真诚地与我们告别，就像对待老朋友一般。许多对艾尔巴·玛塔（Erba Matta）农庄的好评一时也说不完。当我们身后的大门关上时，最后这一段健行的路程也展开了。

从多洛米蒂山脉到威尼斯

农家民宿的早餐很丰盛,有现摘的无花果及绿番茄果酱,最后一天的徒步即将开始

我们已迫不及待地要到达海边,所以脚步变得特别快。不过,这样的天气反而让我有点失望。这三年来,我无时无刻不在想着,自己可以在艳阳高照的炽热沙滩上奔跑,就这样穿着衣服与背包一起冲进亚得里亚海。然而,今天的大海大概是灰不溜丢,既单调又乏味吧!

虽然一开始,我们顺着一条狭窄而弯曲的柏油路前进,但一路上的风景还蛮漂亮的。皮亚韦的运河在我们左方缓缓地流着,往右眺望,视域全被近处茂密、蓬乱的灌木丛阻挡。一个左拐后,忽然出现了一个缺口,让我们第一次看见威尼斯周边的潟湖。潟湖的水平静无波,甚至是凝滞。在早晨的雾气中,威尼斯城的轮廓远远看起来并不清楚,但是眼前这片宁静、水天一色的景象真是令人难忘:白鹭鸶站在芦苇中,海鸥翱翔于水面,我们的鼻子也能嗅闻到那一丝海洋的气息,也许还有潟湖的气味。无所谓啦,对于我们来说,这就是亚得里亚海那迷人的味道。

现在已下起毛毛雨,但我们所在的最右侧,看起来天色还蛮明亮的,

第三十五天　脚趾间的海水

那个方位应该就是威尼斯的所在地。皮亚韦运河越来越宽,时髦摩登的汽艇停泊在单调简朴的渔船旁,在一栋高级别墅前,一位园丁在修剪草坪,接着出现一座巨大的水泥桥及一个告示牌——耶索洛。这里离20世纪60年代所有德国人的梦幻之地——地中海已不远了。

我们虽尝试走小路,但每次总是都绕回到主路上来。在主路上汽车不停地朝我们的方向迎面驶过,车上坐着的都是度假的人。父亲开着汽车,带着露营拖车,里头塞满了人,还有保冷袋、气垫、睡袋等度假用品,其中有许多车牌号码都是慕尼黑地区的。如果这些慕尼黑人知道,我们从慕尼黑徒步走到这里,大概许多人会认为我们是疯子吧。我们四人背着大背包,走在路上很显眼,然而,我们越来越沉得住气,一直露着牙齿对着那些坐车度假的观光客冷笑着。即使有些度假的人满脸不解,目瞪口呆地在车里注视背着背包的我们,还有一些当地的意大利人与我们交谈,当他们知道我们从慕尼黑健行过来,而且现在就快到达目的地时,他们露出了景仰崇拜的眼神,言辞带有许多的鼓励。有些陌生人还特别摇下车窗,向孩子们挥手示意,竖起大拇指激励他们或伸出象征毅力得胜的拳头于车窗外。"了不起的成就啊,小家伙。"这些鼓励对孩子们意义非凡。甚至还有人从车窗给菲力斯扔糖果,他可能因为紧张而没接到,后来也找不到了。接下来要是有开车的人按喇叭向他致意,他总是表现出既腼腆又得意的神情,那个模样真会把人融化了。现在汽车的废气已不再对我们造成干扰,事实上,好像我们也习惯了。当我们走过一座桥,还看见下方有一队穿着横条纹衬衫、划着威尼斯平底船"贡多拉"的船夫,正为了准备参加在威尼斯大运河(Canal Grande)的划船比赛而在这里进行训练。

从多洛米蒂山脉到威尼斯

天气好转了，即使仍有点阴沉，但至少整片厚云层已经往卡奥莱（Caorle）方向飘去了。我们只剩一小段路，就可以触摸到地中海的海水了。穿过一个小公园，左右两侧都是来到海边的度假游客，他们穿着泳裤和比基尼泳装四处晃来晃去。我们接着转入小巷道，穿过一条介于两家度假旅馆之间、顶多 2 米宽的狭窄通道。席碧勒和我先停住脚步，等着孩子们走过来，我们全家人要一起走完这到达海边的最后几步路。正巧这时候阳光突然冲破云层，金闪闪地洒在沙滩上，好像是老天爷赐给我们的一份特别礼物，我们双脚一起踩着沙子前进。

人们是如何描述幸福的？眼泪夺眶而出？还是突然感到彻底的解放而深呼吸？或者感觉到胸膛有一股暖流淌过？我想，后者应该比较贴近我目前的状态。我们即将完成这个原本看来毫无指望的健行计划，不过，情感上暂时还无法完全做出反应。此时此刻，我的脑海中闪现了电影般的画面：从慕尼黑马利亚广场出发时，大家一副天真烂漫的样子，对于这趟长途健行的意义仍毫无概念；我们花费许多时间在家中规划下一个年度行程的情景，以及这过程给我们所带来的许多快乐；在健行中，我们沿着蜿蜒流动的伊萨河步行；在阿尔卑斯山齐勒塔尔山峰遇到的那场可怕的坠落意外；多洛米蒂山脉那座令人印象深刻的塞拉山，以及虽然炎热，但仍值得一游的皮亚韦河沿岸低地的美丽风光，等等。现在我们可以确定，我们已经从南德的伊萨河岸一路走到了地中海的沙滩。这是一个非常特别、一生永难忘怀的时刻，因为这是我们这个家庭共同经历的旅程。

经过内心短暂的沉淀后，我们还是要先亲近水。游泳衣裤从早上收拾行李时就预备好了，挂在背包的外头，因此很快就换穿好了。我们手牵着

第三十五天 脚趾间的海水

手,同时感受着脚趾间潮湿的沙子,走进及膝的海水。然后转身,还是手牵着手,一起向后倒,躺进温暖的亚得里亚海。

我们放松,安静地玩着水,随着海浪的波动而上下起伏,享受着海浪的律动。鲁卡斯伸出的手臂环抱着我们,感觉相当幸福地说着:"太棒了!整整三年,现在我们终于来到这儿。通常人们是开车来,而我们是走路完成这一切。"

不管怎样,今天的健行带给我们两次抵达目的地的幸福感受,第一次是在耶索洛海滩,第二次将在几个小时后、我们最后真正的目的地——威尼斯。

当我们沿着海岸边的步道继续行走时,前来本地度假的游客一直注视着我们,好像我们是外星人似的。他们对我们感到诧异已不是第一次了。我们背着背包,穿着登山靴及健行衣裤,在他们眼中与他们形成强烈的对比。我在耶索洛海滩拍下了一张很棒的照片:当席碧勒和孩子们穿着全套健行装备在沙滩旁的步道上奋力前行

耶索洛海滩上的强烈对比:穿着比基尼泳装、悠闲漫步的海滩妙龄女郎与穿着全身健行装备、奋力前行的健行者

时，恰巧有两位穿着比基尼泳装的海滩妙龄女郎走过他们的身旁。

眼前我们还须再走六个小时的路程，这真的是很严峻的考验。天空的云层终于完全散开了，炽热的太阳当空高挂，暴晒将长达数小时之久，老天爷怜悯我们吧！我们沿着沙滩的步道、沙丘或沙地前进，而大部分时候则走在灼烫的公路上。

席碧勒在某个时候已完全累瘫了。"我们可以搭个巴士吗？"她问，因为她已无法再继续忍受午后的热浪。然而菲力斯虽然几乎筋疲力尽，这时候却激烈地反对："我们已经走了这么远，剩下的路程我一定要走完！"他又补充说："紧急情况就另当别论。"我真的为这个10岁的男孩感到骄傲，鲁卡斯和席碧勒也觉得菲力斯讲得很有道理，他们根本不想再争辩，二话

● 威尼斯

威尼斯是所有浪漫主义文学家及艺术家的梦境。我们可以在古老的宫殿旁看到威尼斯特有的狭窄的巷弄、民宅的小阳台、小运河以及平底船。想要描述这座潟湖城市的特色，还真是胆大妄为，就是用尽形容词也难以道尽！如果有机会造访威尼斯，就直接感受这座水都的每一项事物、每一个角落的历史痕迹。国祚超过一千年的威尼斯共和国对于欧洲地区的政治及经济发展具有独特的重要性，最后于1797年被入侵的拿破仑法军正式终结。1987年，威尼斯与它周边的潟湖被联合国教科文组织列为世界文化遗产。目前该城人口总数计有26.8万人，其中居住在历史老城区的居民有6.1万人。

第三十五天　脚趾间的海水

菲力斯太累了，吃着他最爱吃的玛格丽塔比萨竟然睡着了

不说就继续往前走了。然而，沿途每隔20分钟就有一班开往蓬塔萨比欧尼（Punta Sabbioni）的巴士从身旁驶过，这种诱惑让我们的身体和心理都受到极大的考验。

　　这时，我们的膝盖好像被敲碎一般，双脚也隐隐作痛，特别是臀部，感觉似乎已经被背包磨得发麻，也许只有停止眼下的一切活动，才能解决痛苦。后来是离蓬塔萨比欧尼最近的一个大街十字路口旁的冷饮店救了我们。一张长凳仿佛示意着我们坐下休息，而当我们将背包放下时，很明显地感觉到，肩膀也已经提出抗议，仿佛它们也乐意来个长时间的休息！冰激凌就是这最后冲刺、最直接的能量来源，至少可以帮助维持一下体力。我们再度上路，很快地，又很明显地察觉身体已负荷不了！席碧勒想出一些游戏让孩子们玩，使他们在长途跋涉中，多少转移一些注意力，精神好一点。我们的行走渐渐地像蜗牛爬行，实在坚持不下去了，甚至我已经到了一拐一拐地拖着脚缓慢移动的地步。

　　时间已近傍晚，蓬塔萨比欧尼的路标出现了，在那里可以搭上前往威尼斯的渡轮。再坚持几步，我们终于踏上渡轮，往木头长椅上一倒，双腿

从多洛米蒂山脉到威尼斯

舒服地伸展着，真是如释重负。席碧勒喜形于色，脸上露出满意的笑容，我察觉不出她有一丝难过的情绪。而今晨我所担心天公不作美的问题也没有发生。在渡轮里，只有孩子们不开心。鲁卡斯一句话也不说，眼神呆滞地坐在长椅上，而菲力斯则带着窘迫狼狈的表情依偎在我身旁。"我实在很伤心，现在一切都结束了。"鲁卡斯说，"健行，特别是能和你们一起参与，很开心啊。三年来，我们一直热切地盼望，夏天到了可以一起去健行，可现在这些都过去了。而且可能再也不会有机会我们一起参与如此重要的健行活动。"听了这番话，轮到我和席碧勒惊讶得目瞪口呆！鲁卡斯从对健行怀着深刻的敌意到转变为认同，也真是一件美好的事情。

我们还是花了一点时间安抚这两个孩子的情绪，带着他们享受眼前这个时刻，并开心地期待，几分钟过后，我们就可以完成从慕尼黑到威尼斯这段长征的最后几步路。乘着渡轮，一阵凉爽的微风吹过甲板，接着火红的太阳渐渐西下，落日的余晖将整个天空抹上了深浅不同的红色，圣马可大教堂那婀娜多姿的钟楼，高高地突显于城市的剪影之上。随着雾气的消散，水都威尼斯也慢慢地显露。天空不断地显现出变幻的彩霞，它的幻化之美几乎无法用言语表达，只见那些业余摄影爱好者紧张、兴奋地拿着他们的相机，从船的这个角落跑到那个角落，恐怕错过了天边瞬间任何一种色彩变幻的显现。霞光艳艳，璀璨耀眼，这个令人感动的时刻，好像专门为我们而存在似的。放眼北方，远处那狭长、蜿蜒的阿尔卑斯山群的轮廓在地平线上仍清晰可见。

我也拿着照相机在渡轮上穿梭，拍摄了好一阵子，后来我们四个人全都坐在船尾最后面的长椅上，彼此挽着手臂，享受这逐渐进入威尼斯大运

第三十五天　脚趾间的海水

圣马可广场披上落日的余晖，迎来从慕尼黑到威尼斯徒步到达终点的"英雄"

河的时刻。在离圣马可广场（San Marco）不远的地方，船靠岸了。我们踏上了威尼斯的土地，却还未抵达目的地。这条欧洲知名的梦幻健行路线所标榜的起讫点，就是从马利亚广场到圣马可广场，因此还必须再走几步。我们经过第一座桥，菲力斯在铺石路面的一道白色分割线上驻足了一会儿。"我们只要从这儿走过去，就到了。"他说。因为我们突然在情绪上激动起来，居然过了好一会儿，才意识到他所说的话的意思。最后一步，我们抵达终点了，情绪非常复杂：三年的计划，沿途上上下下的垂直落差一共22000米，旅程总长度554公里，恰如其分的自我挑战，一家人共同拥有

从多洛米蒂山脉到威尼斯

的、不同凡响的经历，现在全都完成了！我们手牵着手，跳得高高的，兴奋地尖叫着，以平常四倍响亮的叫声划破暗夜的长空，所幸此刻圣马可广场四下几乎已没什么人。

不要对这趟旅程的结束感到悲伤，我们全家已经完成了这个长途远征的壮举，现在我们应该感到放松、喜悦与骄傲。就在几个小时前，我们对于抵达终点还抱有迟疑，现已完全过去了！鲁卡斯靠向我并微笑地说："太棒了，我有这么一个疯狂的老爸，想用双脚把我们从慕尼黑带到威尼斯。"我轻声地说："谢谢！"太好了，你们大家该不会也是疯狂了吧，这么容易就跟着我走来了！

建议及行程清单

建议及行程清单

给未来登山者的小建议

行前准备的建议

由于健行者,特别是全家一起健行时,总是会带太多行李,在此提供我们的行李清单,以供各位读者参考。大人的背包重量最好不要超过 12 公斤。孩子视体形而定,背负行李不宜过重。参考:菲力斯 8 岁时,背包重量 3.5 公斤,比他大两岁半的鲁卡斯则背 5.5 公斤的背包。**一个小建议:让孩子们试着背负真正出发时该带的全部装备,试走两个半小时。**

除了内衣裤之外,其他穿着只能是高价、防风、防水、阻燃的功能性衣物,这样才合用。因为这样的衣服既能抗紫外线,调节体温,还能在淋雨或是清洗后快速晾干。

健行鞋对健行者的重要性就如同轮胎之于车子一般:质量要够好,必须百分之百可以信任。在长途健行时,穿上名牌的鞋子无论如何都是可靠的,例如意大利的"威伯伦"(Vibram)的鞋底防滑效果非常好,穿着它踩在岩石上,可以牢牢地抓住地面而不会滑下去。

菲力斯与鲁卡斯的行李清单

每个人带三件一般内裤、长的卫生裤、短袖汗衫、长袖卫生衣(也可当成

给未来登山者的小建议

睡衣使用）、三双健行袜、两条长的健行裤（裤脚可拆装）、羊驼毛衣、三件衬衫、雨裤、军用便帽、太阳眼镜、泳裤、保暖手套、保暖帽、薄的单车用手套（拉钢绳时保护双手）、健行鞋、长时间步行时替换用的凉鞋、健行夹克（羊毛双面夹克）、健行手杖、功能性毛巾、牙刷及牙膏、水壶、背包及防雨罩、在山庄过夜所需的睡袋、塑料袋（透明的、全包好置于背包内）、额头灯、折叠式小刀、MP3播放器、手机、读物、日记、耳塞。

建议及行程清单

席碧勒与我的行李清单

　　四件女用套裙／内裤、长的卫生裤、短袖内衣及长袖卫生衣、三双健行袜、两条健行裤（裤脚可拆装）、羊驼毛衣、两件功能衬衣、健行衬衫、雨裤、军用便帽、太阳眼镜、比基尼泳装／泳裤、保暖手套及保暖帽、单车用手套、健行手套、长时间走路时替换用的凉鞋、软质料夹克、健行用双面夹克、健行手杖、功能性毛巾、牙齿清洁用具、水壶、在山庄过夜所需的睡袋、塑料袋、额头灯、MP3 播放器、手机、读物、日记、耳塞。

共同需要的用品（必须视个人的背包分配重量）

　　手机充电器、照相及录像器材、打火机、十条能量棒、茶包、野餐用已裁剪好的铝箔纸、五谷面包（紧急时定量分配）、彩色铅笔、在野外可能会用到的防风及防水的露营袋、孩子们用的攀岩护腰带及防坠落的绳套、15 公尺长的攀岩绳、小夹钳、沐浴乳、防晒乳液、指甲剪、护唇膏、护脚霜、护肤霜、梳子、洗发水、旅行用盥洗用具、鞋油、抛弃式清洁用抹布、替代用鞋带、塑料晾衣绳、小手帕、安全别针、健行指南与地图、电子现金卡、健保卡、信用卡、阿尔卑斯山协会证件、护照、纸牌。

药品

　　维生素锭及矿物盐锭、聚维酮碘乳膏（Betaisodona-Salbe）、被蚊虫叮咬时抗皮肤过敏的凝胶（Fenistil-Gel）、一般药用贴布及起水泡专用贴布、肌肉消炎喷雾剂、治腹泻药物、止痛药、泛醇软膏（Bepanthen-Salbe）、消毒喷雾剂、消炎止

给未来登山者的小建议

血用敷布／纱布、体温计、孩子使用的退热剂。

附带说明

　　一个较长的绳套附加三个弹簧扣，就是给两个大人简单的安全防护。在旅途上（席亚拉山除外）虽然不是很需要，但在前往梦幻健行路线的两个标志性地点时，会让人有安全感。

旅程中的抵达与出发

　　与其他大部分长途健行路线相反的是，慕尼黑—威尼斯这条梦幻路线在后勤上占有很大的优势。几乎在每一个路段的目的地都可以使用大众交通工具，对于突然不想走路的人，在他们可以接受的距离内，都可用搭车代替。对于想搭火车接驳的人那是再理想不过了，因为往威尼斯的火车路线至少在南蒂罗尔地区是与健行路线平行，在多洛米蒂山区大部分的火车站只要搭上巴士在两小时内就可抵达。而且威尼斯火车站甚至还位于这个潟湖城市的正中央，因此乘坐火车抵达威尼斯，并不需要再搭乘渡轮。

住宿

　　对于每位阿尔卑斯山协会的会员而言，没有预约而临时想在山庄住宿是可行的。在情况紧急时，山庄的老板必须给阿尔卑斯山协会会员提供大通铺的床位。然而如果遇到非常特殊的情形，还有可能被安排在交谊厅打地铺。因此，向各位郑重建议，最好提前几天预订，这样通常就可以幸运又称心如意地住到双人房或四人房。虽然费用比较贵，但想想看，大通铺里鼾声如交响乐般此起彼落，

建议及行程清单

已经筋疲力尽的健行者可能无法好好地休息。

我预订房间的大部分问题都是发生在巴特特尔茨前的路段。健行者在棕角峰上及接下来的路段反而有比较多德国阿尔卑斯山协会的山中小屋可供选择。使得在前里斯与后里斯之间订房再度变得困难。在这些地方各位要尽早登记,尤其是在周末,那无论如何要赶快了。在塔尔佐与威尼斯之间的路段也不容易,那儿只提供非常少的住宿可能性。准确完善的计划,非常精准计算分配的走路时间及事先预订住宿,在这儿是绝对必要的。

健康状况

确实掌握你的基本体能状况,这是绝对必要的,如果你的体能和肌肉系统无法立刻完全承受负重的话,那就很可能会出现状况。我自己在出发前整整两个月里,在周间每天工作之余,会穿着健行靴试走半小时,而且还背着背包。为了能够适应重量,我还在背包里面放了砖块,最多曾放到四个。

路线规划

可以在下列网站找到进一步信息:www.muenchenvenedig.com 与 www.Muenchenvenedig.eu。如果想做更详细的路程规划,在此建议使用《慕尼黑—威尼斯:从马利亚广场到圣马可广场》(*München-Venedig. Vom Marienplatz zum Markusplatz*)这本健行指南,作者是迪尔·施托伊尔瓦尔德(Dirk Steuerwald)和斯蒂芬·鲍尔(Stephan Baur),2010 年于上哈兴(Oberhaching)出版。